*Martin Rößler*

# »Nicht klagen sollst du: loben!«

Der Calwer Verlag ist eine Gesellschaft der Calwer Verlag-Stiftung. Die gemeinnützige Stiftung verfolgt das Ziel, auf der Basis der christlichen Religion Orientierung in einer globalisierten Welt zu ermöglichen und den Dialog mit anderen Religionen zu fördern.



Bibliografische Information der Deutschen Bibliothek

Die Deutsche Bibliothek verzeichnet diese Publikation
in der Deutschen Nationalbibliografie; detaillierte bibliografische
Daten sind im Internet über *http://dnb.ddb.de* abrufbar.

ISBN 978-3-7668-4430-9

Völlig neubearbeitete und erweiterte Fassung des Kapitels
»Jochen Klepper« aus: Martin Rößler, Liedermacher im Gesangbuch.
Liedgeschichten in Lebensbildern, Stuttgart 2001.


Satz und Herstellung: Karin Class, Calwer Verlag
Umschlaggestaltung: Karin Sauerbier, Stuttgart
Druck und Verarbeitung: Mazowieckie Centrum Poligrafii –
05-270 Marki (Polen) – ul. Słoneczna 3C – www.buecherdrucken24.de
Internet: www.calwer.com
E-mail: info@calwer.com

*Martin Rößler*

# »Nicht klagen sollst du: loben!«

## Jochen Klepper – Leben und Lieder

Calwer Verlag Stuttgart

Jochen Klepper, Fotografie 1941

**Singt Gott, lobsinget seinem Namen!**
Er gibt sein Wort. Bringt ihr ihm Lieder.
Sein Wort ist lauter Ja und Amen.
Im Worte kommt Gott selbst hernieder. (Str. 1)

Gott gibt sein Wort mit großen Scharen
Evangelisten, die es künden.
Er will uns durch sein Wort bewahren,
durchs Wort uns in der Ferne finden. (Str. 2)

Er wählt die Welt zum Heiligtume,
drin er uns wunderbar begegnet,
ein Volk, zu dienen seinem Ruhme,
mit Macht und Kraft im Worte segnet. (Str. 8)

Gelobt sei Gott! Mit großen Scharen
hat er sein Wort zu uns gesendet,
dass wir durchs Wort zum Himmel fahren,
wenn aller Streit der Erde endet. (Str. 9)

Ausgewählte Strophen aus Jochen Kleppers *Reformationslied* (3. Juli 1938)

Wir tun uns schwer mit der Bewältigung des letzten Jahrhunderts. Die Generation, die die Gräuel der Nazi-Herrschaft am eigenen Leib und Leben erfahren hat, ist verstorben. Die durch Krieg und Zerstörung, durch Hunger und Entbehrung der Nachkriegszeit geprägte Generation ist ins Greisenalter gekommen. Der Verlust von geliebten Menschen und die Wunden an der eigenen Seele sind verblasst. Wiederaufbau und Wirtschaftswunder haben zu einer gewissen Normalität auf hohem Niveau geführt; nur am Rande werden uns Brüche, Fehlentscheidungen und verhängnisvolle Abläufe bewusst. Noch immer gibt es Menschen, die im Gedenken an die früheren Jahrzehnte Scham und Schande empfinden; wieder andere gehen ganz in Beruf und Freizeit oder im Karrieredenken und Fortschrittsglauben auf; die meisten sind einfach geschichtsvergessen und gleichgültig. Ja, schon wieder finden Stichworte wie Heimat und Vaterland als einer unberührten Insel der Seligen, Begriffe wie Volk und Deutschtum als einer von Asylanten und Andersgläubigen gesäuberten Binnenwelt breite Zustimmung. Doch wer die Vergangenheit verdrängt und vergisst, verliert seine Zukunft.

Darum ist es wichtig und heilsam, sich an die Tyrannis einer Gewaltherrschaft erinnern zu lassen, und dazu bietet das Gedenken an den 75. Todestag von Jochen Klepper einen guten Anlass. Klepper hat in seiner so begrenzten Lebenszeit alle Schrecken und Schikanen hellsichtig erlebt und geradezu höllisch erlitten und sie als Denker und Dichter in Worte gefasst. Aber mehr noch, er hat die Urgründe allen Geschehens aufgedeckt: den Zwiespalt zwischen Mensch und Unmensch, den Widerstreit eines verborgenen und geoffenbarten Gottes. Und in diesem Ringen sucht er nach Orientierung und Halt, nach Befreiung und Trost. Dabei ist es Klepper gelungen, in seinen vom Bibelwort geprägten geistlichen Liedern Vertrauen, Liebe und Hoffnung zu wecken, uns Nachgeborenen in unserer Sprachlosigkeit die lebenschaffenden Worte in den Mund zu legen und die Richtung aufzuzeigen von der belasteten Vergangenheit in eine gute Zukunft. Davon soll nun die Rede sein.

*

Jochen (eigentlich Joachim Georg Wilhelm) Klepper wird am 22. März 1903 in der niederschlesischen Kleinstadt Beuthen an der Oder geboren; dort wächst er auf zusammen mit zwei älteren Schwestern Margot und Hildegard und zwei jüngeren Brüdern Erhard und Wilhelm (Billum genannt). Die Pfarrhaus-Atmosphäre bleibt für sein ganzes Leben bestimmend, vor allem die übermächtige Gestalt des Vaters. Pastor Georg Klepper präsentiert sich in robuster Lebensfreude und in der Frömmigkeit Herrnhuter Prägung. Die Mutter Hedwig geborene Weidlich, Tochter des königlichen Kreisrichters und Amtsgerichtsrats der Stadt Hultschin, im Kloster katholisch erzogen und erst bei der Heirat zur evangelischen Kirche übergetreten, kleidet sich modisch und passt schlecht in das überkommene Bild einer deutschen Frau oder einer dienenden Pfarrfrau. Aus dem Erbe des Großvaters – wohlhabender Rechnungsrat und Quästor der Universität in Breslau – können sich die Eltern Klepper ein komfortables, fast herrschaftliches Haus mieten. Der Vater besitzt ein Auto, mit dem er eigenhändig sogar einmal zur Weltausstellung nach Paris fährt. Zum Lebensstil gehören Feiern und Feste mit Freunden, Verwandten und Bekannten, das Puppentheaterspiel mit annähernd dreihundert Figuren, selbstgeschneiderten Kostümen und selbstverfassten Rollen. Die Familie kann sich eine Filmkamera und jährliche Ferienaufenthalte an der Ostsee leisten.

Der sensible Jochen jedoch bleibt ein Sorgenkind: Seit seinem dritten Lebensjahr treten lebensbedrohende Asthmaanfälle auf, eine schwere Drüsenoperation belastet ihn lange Zeit. Der Vater erteilt ihm häuslichen Privatunterricht, die Mutter hegt und pflegt ihn; ein ängstlich leidender Zug prägt seinen Charakter, eine rachitisch hagere Gestalt sein äußeres Bild. Von seinem vierzehnten Lebensjahr an besucht er das humanistische Gymnasium in Glogau und wohnt bei seinem Französischlehrer Erich Fromm, weil die tägliche Bahnfahrt zu anstrengend für ihn ist. Diese Umsiedlung entwickelt sich zu einem komplexen problematischen Abhängigkeitsverhältnis von seinem Lehrer und Ersatzvater, das ihn bis zur späteren Krise belastet. Interessiert verfolgt Jochen die politische Umbruchszeit nach dem Ersten Weltkrieg; er sammelt Zeitungsausschnitte und Aufzeichnungen für seine schriftstellerischen Ambitionen. Wenn der siebzehnjährige Schüler Gedichte schreibt, schwärmt er in romantischem Flair von Schatten im Mond, von Schmetterlingen und Nachtgesichten. Sein im ganzen ordentliches Reifezeugnis verzeichnet *Betragen: gut, Handschrift: mangelhaft, Religionslehre: gut, Deutsch: gut … Mathematik und Physik: nicht genügend. Vom Turnen war er befreit* (zitiert bei Rita Thalmann).

Bei seiner Herkunft und Veranlagung scheint das Studium der Theologie nahe zu liegen. Im Mai 1922 – mit 19 Jahren – immatrikuliert sich Jochen Klepper an der Universität in Erlangen, der Hochburg lutherischer Theologie, und vielleicht wählt er gerade diesen Ort aus Opposition zu seinem pietistischen und zugleich liberalen Vater. Neben der Beschäftigung mit theologischen Themen besucht er Vorlesungen über Kunst und Musik. Nach zwei Semestern und der bestandenen hebräischen Sprachprüfung wechselt er an die Universität in Breslau, um dort weitere sechs Semester zu absolvieren. Im Haus des Theologieprofessors Ernst Lohmeyer ist der kunstliebende Student ein gern gesehener Tischgast. Augenzeugen *erinnern sich an das allgemeine Erstaunen über diesen sonderlich eleganten Theologiestudenten, der nie wie die anderen im Schillerkragen, sondern stets mit Krawatte und peinlich sauber gebürstetem Anzug erschien, Wappenring und parfümiertes Taschentuch trug und seine karge »Bude« mit Porzellandöschen, zierlichen Decken und modernen Bildern seines Bruders Erhard ausgestattet hatte* (zitiert bei Rita Thalmann). Die Frau seines Dozenten Rudolf Hermann schildert ihn: *In der Schar der Theologiestudenten, die das Sedlnitzkysche »Johanneum« in Breslau bevölkerten, fiel der feingliedrige Jochen Klepper mit seiner melodischen, warmen Stimme und seinen guten braunen, vielleicht ein wenig ängstlichen Augen auf. Die robusteren, lauten Kommilitonen nahmen ihn als angehenden Dichter nicht so ganz ernst. »Du ästhetisches Schmaltier« nannten sie ihn wohl, und wenn er in seiner zaghaften Art ab und zu einmal zu einem Vortragsabend auf seiner Stube einlud, so folgten nur wenige seinem Ruf … Klepper trug bei solchen Abenden dann seine Erstlingsgedichte vor – ganz in Rilkescher Manier gedichtet* (zitiert bei Rita Thalmann). Einige seiner Gedichte erscheinen so nebenbei in Zeitungen. Hinter diesen vordergründigen Eindrücken verbirgt sich aber eine zutiefst physisch und psychisch gefährdete Person. Oft leidet Klepper an Migräne und Schlafstörungen und aufgrund der verordneten Medikamente an Halluzinationen und wirren Träumen. Im Stillen zermürbt er sich im Zwiespalt zwischen der Sehnsucht nach freier Entfaltung und den Fesseln des streng geordneten Konviktlebens; vom Seminar über Luthers Römerbrief-Kommentar eilt er zu einem Empfang bei Asta Nielsen, dem gefeierten Stummfilmstar. Vorlesungen hört Klepper vor allem bei dem Systematiker Rudolf Hermann – wieder ein Vater und Berater nach seinem Herzen, streng und verständnisvoll zugleich. Hermanns Auslegung der Theologie Luthers lenkt den leicht mystisch-schwärmerischen jungen Mann in die Schranken einer lutherisch-konservativen Ordnung; lebenslang zehrt er von diesem Erbe.

Im August 1925 gerät Jochen Klepper – er ist 22 Jahre alt – in eine schwere Krise, in einen neurotisch krankhaften Zustand. Schuldkomplexe bedrücken ihn; zum ersten Mal tauchen Gedanken des *Selbstmordes* auf, wie er es selbst nennt, und mit dieser Frage wird er sich zeitlebens auseinandersetzen. Die Studienhilfe schickt ihn nach Bad Saarow zur Kur. Danach bleibt er über das Wintersemester in seinem Elternhaus in Beuthen, das durch die Inflation in eine finanzielle Notlage geraten war. Im November 1926 erhält Klepper sein Abgangszeugnis von der Breslauer Universität. Mit eiserner Energie will er seine Lizentiatenarbeit über die Pietisten Gottfried Arnold und August Hermann Francke beenden. Immer wieder schwankt er zwischen künstlerischer Existenz und theologischer Laufbahn. Einem Brief an seinen gleichaltrigen Studiengefährten Harald Poelchau ist zu entnehmen, dass er gern nach Berlin ginge, *eventuell ohne Theologie*, zu seinem Bruder Erhard, der dorthin aus der bürgerlichen Enge in die freie Künstlerszene entflohen war. Er selbst ist fasziniert von der Welt der Bühne, des Films, von den Möglichkeiten der Literatur im Buch und im Rundfunk; aus der Ferne ist er geblendet vom Glanz der goldenen Zwanzigerjahre in der Reichshauptstadt. Während Klepper unter der Qual der theologischen Arbeit seufzt, entspannt er sich bei dem Entwurf eines Filmdrehbuchs mit dem Titel MADAME. Er macht sich klar, dass er nur seiner Familie wegen die Vorbereitung auf ein theologisches Amt nicht völlig aufgibt; zugleich leidet er aber unter dem Bewusstsein, ein gestecktes Ziel nicht erreicht zu haben. Wie soll es mit ihm weitergehen? Die heimlich vorgenommene Prüfung seiner Stimme zerschlägt seine Hoffnung, ins Schauspielerfach zu gehen. Dann träumt er davon, wenigstens ein angesehener Schriftsteller zu werden. Er spürt, was später immer deutlicher durchschimmert: Er braucht Beachtung und Anerkennung wie das tägliche Brot, nun eben auf dem journalistischen und literarischen Feld.

Klepper knüpft Beziehungen zu Bibliotheken und Zeitungsredaktionen. Im April 1927 teilt er seinem Theologieprofessor Rudolf Hermann mit: *Die pekuniäre Lage meiner Familie hatte sich gar nicht gebessert, im Gegenteil. Ich musste für einige Wochen meine Arbeit, die schon so weit fortgeschritten war, unterbrechen, um bloß zu Geld zu kommen … Ein Erfolg war aber die Veröffentlichung meiner Manuskripte. Außer dem Verkauf der einzelnen Manuskripte kam jetzt ein Angebot vom Evangelischen Schlesischen Presseverband, bei dem ich mich gar nicht beworben hatte. Nun habe ich neben den einzelnen Honoraren noch ein festes Einkommen. An Dienststunden bin ich nicht gebunden. Zu schreiben habe ich über das Aktuellste auf dem Gebiet der Kunst und Kultur im allgemeinen. Die Auswahl der Themen ist mir überlassen. Habe ich auch eine erhebliche Mehrarbeit, bin ich doch die Geldsorgen los, die viel mehr Kraft verbrauchten* (zitiert bei Rita Thalmann).

Mit Rudolf Mirbt, dem Laienspieler, und Kurt Ihlenfeld, dem Redakteur des schlesischen Gemeindeblattes und Volkskalenders, sitzt Klepper in einem kleinen Büro, unter anderem für die Morgenandachten des Rundfunk-Pressedienstes zuständig; zugleich arbeitet er an den Veröffentlichungen des Eckart-Kreises mit, der dem protestantischen Bildungsbürgertum den Zugang zur Gegenwartsliteratur und ihren christlichen Spurenelementen vermitteln will. *Diese zwischen Volksmission, Volksbildung und modernen Medien angesiedelte Tätigkeit wirkt zweifellos fördernd und bereichernd auf den leicht errötenden jungen Presseredakteur, der mit seinem schwarz umrandeten Monokel manchen Landpfarrer in Schrecken versetzt* (Rita Thalmann). Er verfasst Beiträge, wie sie die Leser- und Hörerschaft wünschen: Gedenktage von Dichtern wie Johann Scheffler und Rainer Maria Rilke vor allem, Kritiken von Büchern und Kunst, Theater und Mode, Gedanken zu aktuellen Themen. Inmitten der Anpassung an die geistige Landschaft seines Umfeldes bleibt er bei seiner geistlichen Lebensmitte: Von Luther ist er nach wie vor theologisch fasziniert, wenn er ihn auch mehr gefühlsbetont als reflektiert aufnimmt. In einer Betrachtung zum Reformationsfest 1927 zitiert er ein Lutherwort, das ihm zum prägenden Leitmotiv wird: *Gott reißt das Übel nicht von der Person, sondern die Person vom Übel.* 1928 gibt Klepper den Abschluss seiner Lizentiatenarbeit endgültig auf. Und in einem Brief an Professor Rudolf Hermann, dem er sich weiterhin zur Rechenschaft verpflichtet fühlt, schreibt er: *Ich möchte nicht lange über Sentiments und Ressentiments reden. Das, was ich in der Theologie gewollt habe, bleibt mir ja nach wie vor … Am Breslauer Sender werde ich jetzt aus meinen Novellen und Gedichten lesen … Ich habe nun schon über 100 Manuskripte veröffentlicht. Außer Zeitschriften habe ich als ständiges Absatzgebiet Zeitungen in Berlin, Essen, Nürnberg, Hamburg und natürlich hier* (zitiert bei Rita Thalmann). Zum Pfarrer mit all seinen Amtspflichten fühlt er sich definitiv nicht berufen. Er leidet weiterhin unter Angstzuständen und körperlichen Beschwerden, lebt zurückgezogen, aber sensibel in der Nachempfindung der Leiden anderer. Unpolitisch im Ganzen, tritt er dennoch im Frühjahr 1928 den Religiösen Sozialisten und damit der SPD bei.

Im Juni 1929 – er ist nun 26 Jahre alt – sucht sich Klepper ein neues Zimmer im Breslauer Residenzviertel. Als Untermieter zieht er in das Haus von Hanni Gerstel-Stein, der wohlhabenden Witwe eines Rechtsanwalts; sie ist Jüdin, dreizehn Jahre älter als Klepper, und lebt mit ihren beiden Töchtern Brigitte und Renate (Reni oder Renerle genannt), neun und sieben Jahre alt, zusammen. In dieser gepflegten und geselligen Umgebung fühlt sich Klepper wohl; Charme und Schönheitssinn dieser gereiften Frau beeindrucken ihn. Er arbeitet gerade an einem Moderoman DIE GROSSE DIRECTRICE, den er mehrfach umarbeitet und vergeblich allen namhaften deutschen Verlagen anbietet. Immer mehr lähmt die Weltwirtschaftskrise alle Unternehmungen. Der Vater in Beuthen erleidet einen schweren Schlaganfall und braucht teure Pflege. Hanni Stein streckt einige Geldsummen vor; als es bekannt wird, vertieft dieser Vorgang nur die Vorurteile eines durch die wirtschaftliche Rezession ruinierten Bürgertums gegen das *jüdische Kapital*. Die hasserfüllte Atmosphäre und Agitation des politischen Antisemitismus bekommt Klepper am eigenen Leib zu spüren: rechts-konservative Tageszeitungen greifen ihn als Handlanger des *verjudeten* Rundfunks an. Ja, er muss miterleben, wie sich seine Eltern und Geschwister ablehnend und feindlich gegenüber seiner Beziehung zu einer jüdischen Frau verhalten.

Am 28. März 1931 findet in Breslau die standesamtliche Eheschließung von Hanni Stein und Jochen Klepper statt, ohne Anwesenheit seiner Eltern und Geschwister. Er bezeichnet seine Trauung als Rettung von *zwei Vereinsamten*; noch Jahre später erinnert er sich an seine damaligen Gefühle: *»Wäre Hanni nicht gekommen, wäre ich verrückt geworden.« Nun sagte Hanni: Jetzt glaube sie es!* (9. März 1939). Eine ungewisse Zukunft liegt vor ihnen. Er ersehnt sich nichts mehr als die Sicherheit der wohlsituierten, bürgerlichen Ordnung, aber die Erwerbsmöglichkeiten und Aufstiegschancen in Breslau verflüchtigen sich. Wenn er weiterkommen will, muss er an die *Front*, wie er sagt, nach Berlin, in die Reichshauptstadt, in die große Welt.

*

Anfang Oktober 1931 kommt Klepper erst einmal allein nach Berlin; seine dort wohnende Schwester hat ihm eine Unterkunft vermittelt. Er versucht nun, als Journalist Fuß zu fassen. Tag für Tag berichtet er seiner weit entfernt in Schlesien lebenden Frau von den vergeblichen Besuchen bei den einflussreichen Größen der Kultur, bei Zeitungsredaktionen und Verlagsbüros. Tag für Tag rechnet er ihr seine Haushaltskasse vor und vergisst kein Telefongespräch, keine Schachtel Zigaretten, keine U-Bahn-Fahrkarte. Ein erster kleiner Erfolg stellt sich ein: Er kann einige Hörfolgen über Kunst und Künstler im Rundfunk bei der Deutschen Welle unterbringen.

Im März 1932 kommt Kleppers Frau Hanni nach, etwas später die beiden Kinder; sie beziehen den ersten gemeinsamen Haushalt im Villenvorort Berlin-Südende. Mit erlesenem Geschmack wird die neue Wohnung gestaltet, jedoch drücken Geldsorgen die Familie schwer. Klepper beginnt nun, regelmäßig Tagebuch zu führen. Im Jahr 1956 ist eine reichliche Auswahl mit dem Titel UNTER DEM SCHATTEN DEINER FLÜGEL veröffentlicht worden. Nun sehen wir klarer, vor allem haben wir sein eigenes Wort im Originalton. Mit peinlicher Genauigkeit und schonungsloser Ehrlichkeit schildert Klepper, womit er sich beschäftigt, was er hört und liest, was er denkt und schreibt; und immer häufiger beginnt er seine täglichen Aufzeichnungen mit einem meist aus den Herrnhuter Losungen entnommenen Bibelwort. Verzeichnet sind die Nadelstiche, Bremsklötze, Schikanen und Schädigungen der um sich greifenden Gewaltherrschaft – Protokoll seiner künstlerischen und geistlichen Entwicklung, zugleich ein Geschichtsdokument, das alle Fragen und Nöte der Zeit in der interessierten, höchst engagierten Teilnahme eines Dichters und Christen spiegelt. Es wird ein spannendes Abenteuer sein, die Spuren seines Weges in diesen Aufzeichnungen zu verfolgen.

Die Sommerferien 1932 verbringt die Familie Klepper in Beuthen. Im Augenblick des endgültigen Abschieds von der Lebensphase in Schlesien entsteht plötzlich der Plan einer Oder-Erzählung mit dem Titel DER KAHN DER FRÖHLICHEN LEUTE. Jugend- und Ferienerlebnisse aus der schlesischen Heimat werden wach und reihen sich ohne Schwierigkeit aneinander. Locker leicht schreibt er den kleinen Roman nieder, *meiner Frau* gewidmet. Der leuchtend blau gestrichene Oderkahn Helene schippert im Schleppzug stromauf und stromab, an Bord eine bunt gemischte Gesellschaft arbeitsloser Artisten samt dem Zirkuspony Hannchen. In den Gesprächen kommen ihre Lebensgeschichten ans Licht, und mit allerlei Schabernack und Possen vertreiben sie sich ihre Abende auf dem Schiff. Bei Wind und Wetter, bei Schnee und Eis gleiten sie an dunklen Uferwäldern und rauchenden Schornsteinen vorbei. In manchen Dörfern und Städten gehen sie an Land und führen bei Jahrmärkten und Hochzeitsfeiern ihre Zirkusnummern und Theaterinszenierungen auf; menschliche Wärme und heitere Gelassenheit durchströmen die 32 kurzen Kapitel. Dieser Roman: eine folkloristische Idylle voll urwüchsiger Heimatliebe; eine romantisch angehauchte Unterhaltungsliteratur, die der Leserschaft in diesen politisch aufgeladenen und wirtschaftlich niederdrückenden Zeiten zu Herzen geht. Klepper wird nun tatsächlich als Heimatdichter wahrgenommen und gerühmt. Und er hat finanziellen Erfolg: Die Deutsche Verlagsanstalt in Stuttgart nimmt den kleinen Roman in ihr Programm auf, garantiert Vorschuss, Honorar und eine monatliche Pauschale von 300 Mark zum Lebensunterhalt – für Klepper ein hoffnungsvoller Lichtblick.

Unterdessen steht Klepper eine Anstellung als Assistent im Berliner Funkhaus in Aussicht, als dramaturgischer Berater und künstlerischer Mitarbeiter der Vortrags-Abteilung. Er muss sich anpassen und manchmal seine Gesinnung opfern: Austritt aus der SPD. Vor sich selber sucht er den Schritt zu rechtfertigen: *Ich werde niemals ein proletarischer Schriftsteller sein; das Religiöse wird mir bei der SPD immer im Wege stehen* (21. September 1932). Doch auch in der offiziellen Kirche findet er keine Heimat und Wärme: *Ich werde niemals diesen neuen nationalen Aufstieg des Protestantismus mitmachen können, ich werde seinen »Ton« nicht finden können und wollen und für diese Leute immer der allenfalls geduldete, harmlose Sozialdemokrat sein. Diese Kirche ist mein Todfeind. Aber ich kann nicht aus ihr austreten. Es hält mich etwas, das bis auf den ersten Jüngerkreis zurückreicht* (21. September 1932).

## *1933 – Kleppers 30. Geburtstag*

Gleich zu Anfang des Jahres schreibt Klepper im Tagebuch: *Hitler ist Reichskanzler … Im Funk müssen wir fast alle mit unserer Entlassung rechnen, obwohl es schon der reaktionäre Rundfunk war* (31. Januar 1933). – *Diese »nationale Erhebung« ist furchtbar. Hitler verkündet über alle Sender ein neues deutsches Reich »in Einigkeit, Kraft und Herrlichkeit. Amen!« Vom Sportpalast aus!* (11. Februar 1933). – *Auf dem Funkhaus die Hakenkreuzfahne! … Was uns schon jetzt an Antisemitismus zugemutet wird, ist furchtbar* (8. März 1933). Joseph Goebbels wird *Minister für Volksaufklärung und Propaganda*, und damit bekommt er die Verfügungshoheit über den Rundfunk. Vor dieser gewaltigen und gewalttätigen Front bleibt nur die innere Emigration, die Flucht ins Private. *Überhaupt: welche Flucht ins Private. An wen soll man appellieren in*

Jochen Klepper in der Voranzeige zu einer Rundfunksendung im Dezember 1932

*dieser Zeit. Was bringt diese so groß aufgemachte nationale Revolution? Progromstimmung. Ich fliehe nicht in eine pikierte Geistesaristokratie; das wäre anmaßend und lächerlich. Aber ich fliehe ins Bürgertum. Das Bürgertum hat es nicht leicht, sich zwischen zwei Revolutionen zu behaupten* (11. März 1933). Und später bringt er es auf den Nenner: *Aber dabei bleibt es nun einmal: wenn ein unpolitischer Mensch in ein politisches Zeitalter gerät, ist es fast, als ob er unter die Räder kommt* (19./20. August 1933). Viele religiöse Gespräche mit seiner Frau; die in Aussicht genommene Taufe von Hanni und den Kindern wird von den Amtsträgern der Kirche hinausgezögert. Eine christliche Taufe erweist sich, da der Arierparagraph schon im Umlauf ist, politisch jedenfalls als sinnlos. Klepper wird beim Reichsverband der nationalsozialistischen Rundfunkhörer denunziert: ein ehemaliges SPD-Mitglied mit einer jüdischen Frau! Seine schon abgelieferten Hörfolgen, die seine glühende Liebe zu Vaterland und Heimat belegen, werden unter anderem Namen gesendet. Im Juni ist es so weit: *Als ich in den Funk kam, wurde ich zum Intendanten bestellt, der mir kurz mitteilte, dass ich »bis zur endgültigen Regelung meiner Angelegenheit« sofort die Arbeit einstellen und den Funk verlassen müsse. 30 Wochen war ich im Funk … Nun reißt alles jäh ab, und vor Presse und Verlag ist man als »nicht genehm« abgestempelt* (7. Juni 1933).

Klepper stürzt wie gegen Ende seiner Studienzeit in eine tiefe Lebenskrise: lähmender Schock, rasende Kopfschmerzen, selbstkritische Bilanz, dunkle Depression. Immer zwingender wird der Gedanke an den freiwilligen Tod. Die Bibel, in seinen Tagebuch-Notizen aufgezeichnet und ausgelegt, wird ihm zum einzigen Halt: *Ja, ich bin sehr rasch ein erbitterter Gegner meiner Theologie, nicht aber meines Glaubens geworden … Aussagen über Gott machen – nein. Bibelworte sagen – ja. Nur in ihnen ist Gott ertragbar, nur in ihnen ist des Menschen Rede über Gott zu dulden* (6. Juli 1933). Indem alle literarischen Aufträge und Anforderungen wegbrechen, wird sich Klepper seiner eigentlichen Aufgabe bewusst, dichtender Verkündiger des Gotteswortes zu sein. Kurze Gedichte entstehen, persönliche Stoßseufzer, lyrische Impressionen, fast mystische Gedankensplitter, gereimte Aphorismen in Art des barocken Angelus Silesius, noch keine Kirchenlieder. *Taufen – das ist es. Das ist die ganze Dichtung! Und in dem allen die eigene Taufe begreifen! … Es heißt:*

**Herr, wann wirst du wieder reden?**
Herr, wann wird der Garten Eden
wieder erste Früchte bringen,
die kein Säender ersann?
Herr, wann wirst du wieder reden,
dass ich Menschen, dass ich Dingen
erste Namen geben kann?

*Erzählung ist Taufe. So einfach sind die Weisheiten, aus denen man lebt* (18. April 1933).

**Ohne Gott bin ich ein Fisch am Strand**,
ohne Gott ein Tropfen in der Glut,
ohne Gott bin ich ein Gras im Sand
und ein Vogel, dessen Schwinge ruht.
Wenn mich Gott bei meinem Namen ruft,
bin ich Wasser, Feuer, Erde, Luft.
(24. Mai 1933)

**Barmherzig ist der Schlaf, der tiefe**,
als ob uns Gott zum Ursprung riefe
und wieder »Adam« zu uns sagte.
Barmherzig ist der Schlaf, der schwere,
als ob uns Gott zum Ende kehre
und nur der Jüngste Morgen tagte.
(4. Juni 1933, Pfingstsonntag)

**Ich weiß nicht, hat es Sinn**
und lohnt es, dass ich lebe,
nur weil mein Herz noch schlägt.
Ich weiß nur, dass ich Rebe
voll schweren Weines bin.
Ich weiß nicht, soll ich sein.
Ich weiß nur, dass die Erde
mich Korn im Schoße trägt,
dass ich zum Brote werde.
Gott spricht aus Brot und Wein.
(23. Juni 1933)

Freunde verschaffen dem erwerbslosen Klepper eine Anstellung im Ullstein-Haus bei der Funkredaktion SIEBEN TAGE für 400 Mark im Monat. *Der Tag einer leeren Erwerbsarbeit – der Abend anonymer und pseudonymer Nebenarbeit, weil die Hauptarbeit den Bedarf für unser Leben nicht deckt … Aber unser Leben geht weiter. Dort liegt der Antrieb. Dort liegt die Quelle der Dankbarkeit. Gott lässt einen die Linien seiner Führung nicht erkennen – er gibt einem nur in ihrem Hin und Her, Kreuz und Quer das Bewusstsein, dass man geführt wird* (7. August 1933). Die antisemitischen Ausschreitungen nehmen zu: Prominenten jüdischen Künstlern wird die deutsche Staatszugehörigkeit aberkannt; Juden soll das Betreten der Badeanstalten verboten und die Beziehung zu Juden in Zukunft mit Konzentrationslager bestraft werden! Klepper beobachtet die Anfänge der Bekennenden Kirche. Als regelmäßiger Kirchgänger notiert er im Tagebuch, was er aus dem Gottesdienst für seine geistliche Existenz mitnimmt; Hanni begleitet ihn meist in die Kirche. Aber den kirchenpolitischen Aktionen vermag er sich nicht anzuschließen.

Hochsommerliche Spaziergänge in der Umgebung Berlins. *Und dann, mitten beim Abendbrot, durchfährt es einen auf einmal am ganzen Körper: Das ist das neue Buch! Der Vater. Die Geschichte Friedrich Wilhelms I. Daher also Potsdam und immer wieder Potsdam … Bis heut habe ich nicht gewusst, dass es auf ein bestimmtes Buch zugeht und schon so weit ist* (13. September 1933). Als Künstler und Mensch lebt Klepper im protestantischen Gedankengut: Familie, Staat und Kirche sind seine Grundordnungen; die Spannung zwischen Glaube und Ethik, die Diskrepanz zwischen Gottes Weg in der Geschichte und dem so undurchsichtig und regellos scheinenden Geschick der Menschen sind seine Hauptfragen. Die Suche nach Quellen für sein geplantes Buch und die Klärung seiner unruhigen Gedanken werden ihn lange beschäftigen.

## *1934*

Gleichschaltung aller Gruppen und Ideen, Umbildung aller Gremien; Verhaftungen von Leuten aus Kleppers Bekanntenkreis. Wenn Klepper als Schriftsteller überhaupt existieren und weiterhin publizieren will, muss er die Aufnahme in die Reichsschrifttumskammer beantragen. Er findet zwei Bürgen und muss unterschreiben: *Ich erkläre mich vorbehaltlos bereit, jederzeit für das deutsche Schrifttum im Sinne der nationalen Regierung einzutreten und den Anordnungen des Reichsführers des Reichsverbands Deutscher Schriftsteller in allen ... Angelegenheiten Folge zu leisten* (Rita Thalmann nach dem Tagebuch-Eintrag vom 8. Dezember 1933); am 24. Februar 1934 wird Klepper aufgenommen. Aber noch lange beschäftigt ihn, ob er denn richtig gehandelt habe: *Als ich für die Reichsschrifttumskammer den Revers unterschrieb, mich hinter den neuen Staat zu stellen, war es keine Phrase. Das Volk, dessen Sprache ich schreibe, gehört auf »Gedeih und Verderben«, wie man immer sagt, in mein Leben und in mein Wesen. Auch, wenn es in großer Geschlossenheit Wege geht, die für einen selbst nicht beschreitbar sind* (22. März 1934). Und die Nagelprobe folgt umgehend: Am 1. Mai, dem hochgefeierten Tag der Nation, soll Klepper mit seinem Betrieb zur großen Kundgebung marschieren, um Loyalität und Solidarität mit dem Regime zu zeigen. Am nächsten Tag schreibt er in sein Tagebuch: *Es ist alles glatter vorübergegangen, als ich hoffen durfte. Ich habe keine Hakenkreuzbinde getragen, es ist auch nicht aufgefallen. Am Festmarsch hat die Redaktion nicht einmal bis zum Tempelhofer Feld teilgenommen* (2. Mai 1934).

Röhm-Putsch im Juni, Waldbrände um Berlin, Hindenburgs Tod und die Volksabstimmung, die Hitlers Vollmachten als Reichspräsident, Kanzler und Oberbefehlshaber der Wehrmacht auf unbegrenzte Dauer bestätigen soll. *Augen und Ohren sind mir übergegangen, wer alles Nationalsozialist geworden ist. Nach menschlichem Ermessen kann ja dieses schreckliche Abenteuer beinahe nicht anders enden als mit einem unglücklichen Kriege* (Rita Thalmann nach dem Tagebuch-Eintrag vom 28. August 1934). Im Sommer verbringt die Familie Klepper einen zehntägigen Urlaub an der Ostsee. Ende Oktober besucht Klepper seinen im Sterben liegenden Vater in Beuthen, trotz seines eigenen schlechten Zustandes und der Verbitterung darüber, dass Hanni noch immer feindselig und ablehnend behandelt wird; kaum ist er daheim, erreicht ihn die Todesnachricht. Am Jahresende blickt er zurück: *Wenn ich die Rückschau im Kürzesten sagen soll: die wachsende Zusammengehörigkeit in der Ehe und die Erfahrung immer neuer Anrede von Gott her, die haben das Jahr so gemacht, dass man es in Feier beschließen wollte. Ich weiß nicht, ob der Dank nicht stärker als die Sorge ist* (31. Dezember 1934).

## *1935*

Die Arbeit am Vater-Roman nimmt Klepper ganz in Beschlag. Von anderen Entwicklungen fühlt er sich abgehängt und ausgesperrt; ein *Druck der politischen Schwermut* lastet auf ihm. *Die allgemeine Wehrpflicht ist eingeführt … Das ist eine der großen Tragödien unserer Zeit: dass Staat und Volk und Masse ebenso unheilvoll auseinanderklaffen wie diktatorisch und propagandistisch vermengt sind* (17. März 1935). – *Es ist so furchtbar schwer, es mitzuerleben, wie Technik, Chemie und die Großpropaganda sich nur auf dieses eine Objekt zu stürzen scheinen: den vollkommenen Krieg* (21. Mai 1935). Der Judenhass nimmt zu: *Antisemitische Ausschreitungen am Kurfürstendamm. Verschärfte Arierparagraphen … Die Säuberung Berlins von Juden drohend angekündigt* (18./19. Juli 1935). Die Sorge um ihre beiden jüdischen Kinder mehren sich: Wo dürfen sie noch zur Schule gehen? Zu welchen Freundinnen werden sie eingeladen? Welche Chancen zu einem künftigen Beruf bieten sich ihnen überhaupt? Im September überstürzen sich für Klepper die Ereignisse. Als er sich vor Urlaubsbeginn von seinem Vorgesetzten verabschiedet, *machte er die nicht misszuverstehende Andeutung, dass meine »Rückkehr auf längere Frist« gefährdet sei* (3. September 1935). Und mit einer Abfindung von 1.000 Mark wird Klepper tatsächlich alsbald aus der Ullstein-Funkredaktion entlassen. Jetzt bleibt nur noch das Bücherschreiben, um das Leben zu fristen. Von der Deutschen Verlagsanstalt erhofft er sich einen Vorschuss auf sein künftiges Romanwerk. Seitenlang schreibt er tröstende Bibelworte in sein Tagebuch. Am 18. September 1935 ist der Roman, zwei Jahre nach dem spontanen Einfall, in einer ersten Fassung abgeschlossen: die Darstellung der protestantisch-preußischen Idee in ihrer Größe und Fragwürdigkeit, konzentriert im Schicksal des Soldatenkönigs, des Vaters von Friedrich dem Großen.

Den Schriftsteller treiben jedoch andere Sorgen um. Der lang gehegte Plan eines neuen Hauses nimmt langsam Gestalt an; die Gelder aus dem Verkauf von Hannis Haus in Breslau sollten gut angelegt werden, solange dies noch möglich ist. Aber die Gelder reichen nicht aus. Im Tagebuch ist zu lesen: *Heut habe ich mich nun zu dem schweren Schritt entschlossen, meine Lebensversicherungen aufzugeben. Ein Maß an Passivität ist erreicht, dass einem das Grauen davor kommt* (24. September 1935). Am nächsten Tag zieht die Familie Klepper in ihr neuerbautes Haus im selben Berliner Stadtviertel, Karlstraße 6. Brigitte und Renate bekommen ihre eigenen kleinen Zimmer; ein Mansardenzimmer und die Garage werden vermietet, um kleine Nebeneinkünfte zu erhalten.

Und ganz vorsichtig fädelt sich im Verlauf dieses Jahres 1935 ein anderer Faden in Kleppers Arbeit ein: die Beschäftigung mit dem Kirchenlied. *Vom Eckart-Verlag bekam ich die Aufforderung, Gedichte für eine kleine Anthologie kirchlicher Gedichte einzureichen. Dergleichen vermerke ich jetzt sehr dankbar* (12. Januar 1935). Klepper hat nicht viel zu bieten, denn bisher verstand er sich vornehmlich als Erzähler; aber er kennt aus eigener Erfahrung die Bedeutung der geistlichen Lyrik: *Aus der Liturgie und den Liedern des Gottesdienstes sprach alles, was der Predigt noch versagt blieb* (21. April 1935, Ostersonntag). Im Sommer dann: *Der Versuch eines Kirchenliedes* (18. Juni 1935), der erste Wurf einer Zusammenschau unter dem Thema *Das Kirchenjahr*, das er in seiner häuslichen Umgebung so betont festlich feiert; ein

Auftakt zu seinen künftigen Liedern. Klepper sucht und sondiert für jede Station im Heilsplan Gottes das wirkmächtige Symbol, um uns Nachgeborenen einen Zugang zur Gleichzeitigkeit zu öffnen. So sind wir plötzlich im Glauben Teilhaber der Heilsereignisse, als wären wir dabei und hätten sie gegenwärtig miterlebt: an der Krippe, unterm Kreuz, bei Grab und Auferstehung, im Feuer des Heiligen Geistes:

**Du bist als Stern uns aufgegangen**,
von Anfang an als Glanz genaht.
Und wir, von Dunkelheit umfangen,
erblicken plötzlich einen Pfad.
Dem Schein, der aus den Wolken brach,
gingen wir sehnend nach.

Am Ende unserer weiten Fahrten
gabst du uns in dem Stalle Rast.
Was Stroh und Krippe offenbarten,
ward voll Erstaunen nur erfasst.
Die Zeichen blieben nicht mehr Bild,
Verheißung war erfüllt.

Und über Stall und Stern und Hirten
wuchs Golgatha, dein Berg, empor.
Nah vor den Augen der Verirrten
trat aus der Nacht dein Kreuz hervor.
Dort neigtest du für uns dein Haupt.
Da haben wir geglaubt.

Vor deines Felsengrabes Höhlung
ward hart und schwer ein Stein gestemmt.
Am Morgen kamen wir zur Ölung
und fanden nur dein Totenhemd.
Kein Fels hat deinem Weg gewehrt.
Wir folgten, Herr, bekehrt.

In deines Herzens offene Wunde
hast selbst du unsere Hand gelegt,
uns bis zu deiner Abschiedsstunde
mit Brot und Wein bei dir gehegt.
Die Wolke, die dich aufwärts nahm,
trug uns aus Angst und Scham.

Als eine Taube, lichtumflossen,
hast du dich sanft herabgesenkt,
uns mit dem Feuerglanz begossen
und die Verlassenen beschenkt.
Denn weil der Himmel offensteht,
gabst du uns das Gebet.

Durch Stern und Krippe, Kreuz und Taube,
durch Fels und Wolke, Brot und Wein
dringt unaufhörlich unser Glaube
nur tiefer in dein Wort hinein.
Kein Jahr von unserer Zeit verflieht,
das dich nicht kommen sieht.

(Str. 1–7)

*Der Versuch eines zweiten Kirchenliedes* (6./7. Juli 1935) **Die Menschenjahre dieser Erde**, im KYRIE unter der Überschrift *Der Herr ist nah*. Noch nennt er seine beiden Gedichte einen Versuch: Dem Dichter Klepper ist der Unterschied zwischen dem lyrisch-persönlich geistlichen Gedicht und dem Kirchenlied als einem von der Gemeinde singbaren, ja nachvollziehbaren Text bewusst geworden. Wenn er nun Pläne fasst, dann steht immer auch der Gedanke an das Kirchenlied im Hintergrund: *Denn mir ist, als wäre erst jetzt, wo ich so müde und geängstigt bin, das Thema meines Lebens gefunden: »Dass ich ihn leidend lobe, / das ist's, was er begehrt«* (15. August 1935). Vom Gespräch mit Kurt Ihlenfeld, dem Freund aus Breslauer Zeiten und jetzigen Leiter des Eckart-Verlages, erzählt er: *Wir hatten eine Reihe von Plänen, ungemein befriedigend, aber* *für die Existenz nur eine kleine Hilfe ... Und einen neuen Plan »Das Haus« – dazu Vorschläge von Ihlenfeld: Gesangbuch-Lieder; Dichter-Biographien; Protestantische Dialoge, – alles das als anonyme Herausgeber-Arbeit; auch nur zwischen Ihlenfeld und mir, kein Verlagsvertrag ... Fürs erste war es aber für Hanni und mich gestern eine große Hilfe, dass in den ersten schweren Stunden dieser Beistand kam* (3. September 1935). Es bleibt fraglich, wie er diese Vorschläge verwirklichen kann: *Über die Eckart-Bücher wage ich nicht einmal nachzudenken, so völlig anders ist immer alles gekommen; ich wünschte nur, auf dieser Linie bleiben zu können. Denn dort liegt in der Arbeit ein Trost, sie ist genau die Mitte zwischen Literatur und Theologie, man kann um ihretwillen Schweres auf sich nehmen* (10. September 1935).

## *1936*

Deutsche Truppen besetzen das Rheinland. Im August Olympiade in Berlin. *Der Nationalsozialismus muss diese große Propagandamöglichkeit wahrnehmen; darum ist die größte Zurückhaltung auferlegt* (2. August 1936). Dem Zwang der verordneten Beflaggung kann sich Klepper geschickt entziehen, indem er Olympia-Wimpel und große Sträuße am Hauseingang aufstellt. Er erzählt weiter: *Doch wollte ich ... die Fahnen Unter den Linden sehen und den Kindern zeigen. Das waren große Eindrücke; allein die Menschenfluten. Doch traten die Ausländer fast völlig zurück; nur die Fülle ausländischer Autos war groß. Die Stimmung war die eines Volksfestes, ohne Politik ... Die größte Wirkung: das erleuchtete Zeughaus mit seinen zerschossenen, alten Fahnen in der Nacht des olympischen Feuers und seiner frischen, neuen, leuchtenden Fahnen, die soviel Lüge gerade in dieser Stunde verhüllen müssen. Die Nacht verdeckte alles Hässliche* (2. August 1936). Aus diesen Eindrücken entstehen in den nächsten Tagen die OLYMPISCHEN SONETTE, die zusammen mit den KÖNIGSGEDICHTEN erst nach dem Krieg 1947 veröffentlicht werden konnten. Klepper schreitet, Geschichte und Gegenwart meditierend, noch einmal die wichtigen Stationen ab: Brandenburger Tor, Pariser Platz, Hedwigskathedrale, Oper, Olympisches Feuer vor dem Schloss, Museum und Brücke, am Ende das *Zeughaus*.

**Die Ampeln brennen über den Kanonen**.
Die alten Fahnen hängen stumm im Lichte;
doch nicht zum Fest: sie werden zum Gerichte.
Sie rauschten in den Schlachten und vor Thronen.

Vor ihnen gilt kein Leugnen und kein Schonen.
Vor ihrem Wissen wird der Trug zunichte.
Zerfetzt von allen Leiden der Geschichte,
verdammen sie und weigern sich, zu lohnen.

Sie, die einst brausend in die Zukunft wehten,
sind wie das Schweißtuch eines Todgeweihten
und allen Schwüren dieser Welt entnommen.

Von Liedern schweigend, zeugend von Gebeten,
erkennen sie nur die fürs Kreuz Bereiten
und rufen nur noch, die als Beter kommen.

Aus dem Glockenklang der Olympiade hört Klepper das Totengeläut für Europa heraus; unabwendbar sieht er das Unglück heraufziehen. In Spanien Bürgerkrieg. Im September der Nürnberger Parteitag der nationalsozialistischen Partei in bombastischer Aufmachung: Klepper, dieser an den Rand gedrängte, leidende Mensch wird noch mehr eingeschüchtert und bricht unter der Lautstärke der Mikrofone, unter dem Marschschritt der Soldaten auf dem Pflaster fast zusammen. In der häuslichen Zurückgezogenheit feilt Klepper an seinem Vater-Roman; im Oktober kann er die ersten Druckfahnen korrigieren. Am ersten Advent schreibt er sein am Vorabend entstandenes *Abendmahlslied zu Weihnachten* sich selber zum Trost in voller Länge in sein Tagebuch ein (29. November 1936).

**Mein Gott, dein hohes Fest des Lichtes**
hat stets die Leidenden gemeint.
Und wer die Schrecken des Gerichtes
nicht als der Schuldigste beweint,
dem blieb dein Stern noch tief verhüllt
und deine Weihnacht unerfüllt.

Die ersten Zeugen, die du suchtest,
erschienen aller Hoffnung bar.
Voll Angst, als ob du ihnen fluchtest,
und elend war die Hirtenschar.
Den Ärmsten auf verlassenem Feld
gabst du die Botschaft an die Welt.

Die Feier ward zu bunt und heiter,
mit der die Welt dein Fest begeht.
Mach uns doch für die Nacht bereiter,
in der dein Stern am Himmel steht.
Und über deiner Krippe schon
zeig uns dein Kreuz, du Menschensohn.

Herr, dass wir dich so nennen können,
präg unseren Herzen heißer ein.
Wenn unsere Feste jäh zerrönnen,
muss jeder Tag noch Christtag sein.
Wir preisen dich in Schmerz, Schuld, Not
und loben dich bei Wein und Brot. (Str. 1–4)

*In all den wunden Tagen eine kleine Freude: ein Weihnachtskatalog der Buchhandlung der Berliner Missionsgesellschaft trug als Titel eine Strophe aus meinem Kirchenlied »Das Kirchenjahr« in den »Geistlichen Gedichten«* (1. Dezember 1936). Und gleich danach ein Schicksalsschlag, der auch Klepper treffen könnte: *In diesen Tagen ist der »Literat Thomas Mann« mit seiner ganzen Familie expatriiert und sein Vermögen beschlagnahmt worden* (5. Dezember 1936).

Parolen vom Lebenskampf des deutschen Volkes gegen den Bolschewismus. Der spanische Bürgerkrieg tobt weiter. Kleppers Einkommenserklärung offenbart seine finanzielle Notlage: Im Jahr 1936 hat er 820,17 Mark verdient, so viel wie früher in einem Monat; zum Glück sind die Gelder seiner jüdischen Frau noch verfügbar! Doch dann kommt, lang ersehnt, sein großes Buch DER VATER. ROMAN EINES KÖNIGS auf den Markt; nach dreijähriger Entstehungszeit mit intensivem Quellenstudium, Skizzen, Entwürfen und letztendlich Streichungen ein Riesenwerk von 1.000 Seiten, geordnet in 15 groß angelegten Kapiteln, denen wie bei den Liedern je ein Bibelwort vorangestellt ist.

Im Mittelpunkt des Buches steht der Preußenkönig Friedrich Wilhelm (Regierungszeit 1713–1740), als der Soldatenkönig bekannt, zwischen seinem Vater Friedrich I. (Regierungszeit als König 1701–1713) und seinem Sohn und Nachfolger Friedrich II. (Regierungszeit 1740–1786), als der Große verehrt. Schon als Kronprinz opponiert Friedrich Wilhelm gegen das lebenslustig verschwenderische Hofleben, gegen die intrigant korrupte Beamtenschaft, und er geißelt das widersprüchliche Wesen seiner eigenen Familie: Den Vater sieht er als prunksüchtigen, willensschwachen Herrscher; die Mutter, die 14 Kinder zur Welt gebracht hat, als leichtsinnige und schöngeistige Fürstin. Als der Kronprinz Friedrich Wilhelm 1713 selber an die Macht kommt, verändert er grundlegend die Landespolitik nach seinen Vorstellungen. Den riesigen Schuldenberg will er durch rigoroses Sparen bei Hofe und durch drückende Steuerlasten für seine Untertanen verringern. Sein Militär baut er mit angeworbenen Soldaten aus, den langen Kerls, und fordert von ihnen blinden Gehorsam, absolute Unterordnung, Diensteifer und Disziplin – was später als preußische Tugenden gerühmt wird. Er zeigt Verantwortung gegenüber dem ihm anver-

Jochen Klepper an seinem Geburtstag am 22. März 1937 mit Hanni
und Reni im Südender Garten

trauten Volk, wenn er sein Militärlazarett La Charité für alle öffnet, wenn er Erlasse zur allgemeinen Schulpflicht und zur Aufhebung der Leibeigenschaft unterschreibt. Aber wehe, wenn sich jemand seinen Befehlen widersetzt: Seinen eigenen aufmüpfigen Sohn setzt er gefangen und richtet den adligen Fluchthelfer hin.

Dies sind in dürren Worten die historischen Fakten, die der Schriftsteller Klepper in breiten Sittengemälden und Stimmungsbildern vor dem Leser ausbreitet. Seine Intention aber ist eine andere: Er will die handelnden Personen vor Gott und unter Gott stellen; nur der Glaube des Herzens, nicht der Glanz der Machtentfaltung verschafft dem Herrscher seine Legitimität. Der König also ein Mensch, der Gottes Wort bedenkt und Gottes Ruf hört, der darauf antwortet im Tun von Recht und Gerechtigkeit, selbst wenn es ins Leiden und Unterliegen führt. Klepper sieht Spuren dieser gläubigen Haltung bei seinem König, den er darstellt: Wenn dieser bei Gericht urteilen und strafen muss; wenn dieser freudig die 20.000 Glaubensflüchtlinge aus Salzburg aufnimmt und in seinem Land ansiedelt; wenn dieser leidend und büßend seinen Starrsinn gegenüber seinem Sohn überwindet und damit ein Zeichen von Frieden und Versöhnung setzt. Der König wird so zum Ideal und Vorbild, zum treuen Hüter der gottgegebenen Ordnung, in gottgewollter Autorität zum Garanten für ein gutes Zusammenleben in Familie, Staat und Kirche; er wird im eigentlichen Sinn zum *König von Gottes Gnaden* – das ist es, was sich Klepper von einem preußischen Monarchen und jedem künftigen Herrscher erhofft und erträumt.

Sein Buch DER VATER wird erfolgreich verkauft und aufmerksam in der Presse besprochen. *Die erste private Buchbestellung, die beim Verlag einging, stammt von der Gemahlin des Kaisers im Doorner Exil* (24. Februar 1937). Dankesbriefe erreichen den Autor, ein Bankkonto aus den Honoraren kann eröffnet werden. In den Buchhandlungen sieht man besonders die Soldaten und Offiziere danach greifen; das Reichskriegsministerium empfiehlt die Lektüre für Heer, Marine und Luftwaffe.

Schon in einer frühen Phase von Kleppers Beschäftigung mit dem Vater-Roman interessiert sich die UFA, die Universum Film AG, für diesen historischen Stoff. *Heute kam ein Brief der UFA, der einen großen Schub Arbeit aufs Ungewisse mit sich bringt. Man will rasch ein Exposé vom »Vater«, da die UFA gerade nach einem großen nationalen Stoff »mit Parallelen zu heute« sucht. Lieber Himmel, des »Vaters« Regierung ist Kritik, nicht Verherrlichung des Heutigen* (16. Januar 1934, fälschlich unter dem Datum 13./14. Januar 1934). Und obwohl Klepper rasch den Entwurf eines Film-Drehbuches abliefert, kommt das Projekt nicht zustande. So schwingt bei ihm und seiner Arbeit immer die Sorge mit, ob seine Botschaft wirklich verstanden und angenommen und nicht kurzerhand zur Glorifizierung des Nazi-Regimes missbraucht wird.

Die Entscheidung lässt nicht lange auf sich warten: Trotz dieses äußersten Erfolges wird Klepper im März 1937 aus der Reichsschrifttumskammer ausgeschlossen. Freunde und Parteigenossen verwenden sich für ihn und erreichen einen kurzen Aufschub der Entscheidung. Goebbels hält Reden über *entartete Kunst.* Freunde und Dichterkollegen wie Reinhold Schneider verlassen Berlin; es wird einsam. Das Ehepaar Klepper erwägt die Auswanderung der beiden Kinder, nimmt aber die Gelegenheiten hierfür nicht energisch genug wahr. Für seine literarische Arbeit hat Klepper ein neues Thema gefunden, das ihn schon lange bewegt hat: die Biographie von Luthers Frau Katharina von Bora unter einem geplanten Titel DAS EWIGE HAUS. Im September unternimmt er mit Hanni zusammen eine Studienreise zu den Luther-Stätten, um sich für sein neues Vorhaben besser einzustimmen.

Im Spätherbst: *Die Tagung der Reichskulturkammer. Wieder wird stolz die Bilanz gezogen, wie nun 30.000 Juden aus dem deutschen Kulturleben entfernt seien; und die Judengenossen werden von Goebbels besonders erwähnt* (26. November 1937). Die Kirchenaustrittsbewegung wird von offizieller Seite unverhohlen gefördert. Klepper bemüht sich um die staatliche Druckerlaubnis seiner fertigen Manuskripte. Ihm wird geraten, sich direkt an den Propagandaminister zu wenden. Im Tagebuch notiert er: … *So sei es nun noch zu Ende geführt. Den Brief an Goebbels musste ich mit »Heil Hitler!« unterzeichnen. Ich habe nun das Letzte auf mich genommen* (12. Dezember 1937). Aber entscheidende Hilfe bringt diese Unterwürfigkeitsgeste nicht; trotz der Bekanntheit als Autor des Vater-Romans wird Klepper nicht in die Etagen vorgelassen, die sein Schicksal wenden könnten. Essen und Kleidung werden allenthalben knapp.

Doch das Kirchenlied hat Klepper das ganze Jahr über nicht losgelassen; in seinem erschöpften Zustand sucht er sogar mehr Raum dafür zu gewinnen. *Und beinahe peinigend ist das Bedürfnis, wenn auch aufs einfachste, unkünstlerischste, klavierspielen zu dürfen – und als sei das meine einzig mögliche Entspannung, mein Ausgleich, meine Erholung; als brauchte ich den Klang der alten Kirchenmusik, um endlich die Texte meiner Kirchenlieder fürs ganze Kirchenjahr schreiben zu können. Denn in Bach bin ich geborgen und gegründet wie in Luther; daran ist gar kein Zweifel. Matthäuspassion und Kunst der Fuge* (26. April 1937).

Im Oktober dieses Jahres findet das vielbeachtete Fest der deutschen Kirchenmusik in Berlin statt; aber Klepper ist vergessen oder noch gar nicht entdeckt, obwohl er sich sehnlichst wünscht, endlich als bewusst evangelischer Dichter anerkannt zu sein. Im Tagebuch kommentiert er: *Neue Musik zu neuen Texten; diese sind aber nur von R. A. Schröder, sonst hat man auf sehr Altes zurückgreifen müssen. Das ist doppelt deprimierend, nachdem ich gerade Ihlenfelds und R. A. Schröders Urteil über meine Texte kenne. Hier, hier vor allem sind die, zu denen ich gehöre und von ihnen werde ich am verletzendsten ausgeschaltet. Das wird mich nicht hindern, mir zum mindesten den Thomaner-Abend anzuhören und – weiter Kirchenliedtexte zu schreiben, soweit das in den Willen gestellt ist* (4. Oktober 1937). Dann drei Tage später: *Plötzlich nun »Geistliche Lieder und Gedichte« von mir noch zur Kirchenmusikfestwoche, die heute beginnt! Verbessert, abgeschrieben, bei Ihlenfeld* – (7. Oktober 1937). Hastig wird eine kleine Broschüre zusammengestellt, die seine drei bisher vorliegenden Kirchenlieder, quasi die Ouvertüre zu seinem Liederschaffen, und sieben geistliche Gedichte nach seiner früheren Art enthält: ICHTYS. FISCHLEGENDE I UND II, ALLES LEBEN, OHNE GOTT, DIE RECHENSCHAFT, DIE RUHE IN GOTT, DER PROPHET I UND II und DER JÜNGER. An den Veranstaltungen nimmt Klepper nun lebhaften Anteil, äußert sich in seinem Tagebuch aber auch kritisch: *Herrliche Einzeleindrücke – das Ganze noch so fremd, der Kirche so fern; das Fest scheint verfrüht* (7. Oktober 1937). – *Noch nie habe ich so unmittelbar, so deutlich Gottes Gericht über Gottes-Dienst gesehen, wie in diesen Tagen des unerwarteten, ungeheuerlichen Kirchenmusikfest-Getriebes* (9. Oktober 1937).

Der Liederimpuls wirkt in die nächsten Monate fort: *Ich schrieb ein neues Kirchenlied, wie oft, »wenn mir um Trost sehr bange ist«; diesmal über Offenbarung 21.22.* **Mein Gott, ich will von hinnen gehen, / der Erdentag wird mir zu lang** (12. November 1937). – *Die drei neuen Kirchenlieder, wenn die Kammer sie freigibt, erscheinen wieder bei Ihlenfeld* (22. November 1937). – *Ich schrieb ein Weihnachtslied zu Luthers Wort: »Sieh nicht an, was du bist, sondern sieh hier, was dir heut widerfährt, sieh den an, der zu dir kommt!«* (17. Dezember 1937). – *Ich schrieb am Nachmittag ein zweites Weihnachtslied:* **Die Nacht ist vorgedrungen** … *Das schöne Adventsgeläut* (18. Dezember 1937). Abschriften der Lieder schickt er als Weihnachtsgruß an seine Freunde. *Zum ersten Mal sehe ich eines meiner Kirchenlieder in den Entwurf eines Gottesdienstes eingeordnet: »Das Christusjahr«. Gemeindefeiern über* *das Kirchenjahr. Stiftungsverlag Potsdam* (30. Dezember 1937). In der Neujahrsausgabe der Deutschen Allgemeinen Zeitung erscheint **Der du die Zeit in Händen hast**; ein Lied, das wahrscheinlich schon kurz nach den Tagen des Kirchenmusikfestes entstanden und im Oktober der Reichsschrifttumskammer zur Prüfung vorgelegt worden ist. Am Silvesterabend kann Klepper sagen: *Das schwerste, schönste und bedeutsamste Jahr meines Lebens durfte beschlossen sein im Gebet. – Gott hat im alten Jahr »ein neues Lied« gegeben. Das muss nun geglaubt sein* (31. Dezember 1937).

## *1938 – Kleppers 35. Geburtstag*

Er wird zur Reichsschrifttumskammer vorgeladen. *Man klagte mich »katholisierender Tendenzen« an! Man wendet sich – »beratend, nicht eingreifend« – gegen meine geistlichen Gedichte. Und nun wurde es ganz klar ausgesprochen: nicht gegen das, was Gott gilt, sondern »gegen die knechtische Haltung, wie sie der neue Geist bekämpft, der Gestalt Christi gegenüber«. Nicht meine Ehe, nicht meine politische Vergangenheit standen zur Diskussion: da haben generelle Maßnahmen gesprochen!* (12. Januar 1938). Er kann zwar weiterarbeiten, muss aber jeden Plan und Entwurf der Behörde vorlegen.

Seit Anfang des Jahres ist Klepper körperlich krank, erschöpft in Verschattung und Müdigkeit, in qualvollen Nächten seelisch am Ende. Viele Pläne gehen ihm durch den Kopf, aber nur wenige Aufsätze für Zeitschriften bringt er zu Papier. Einzig an seinen Kirchenliedern, an der *Theologie in Versen*, richtet er sich auf. Rudolf Alexander Schröder und Kurt Ihlenfeld sagen sich zum Besuch an. *Auch in so kleinem Kreis war es eine ungemein feierliche Atmosphäre … Und hier war mehr als Höflichkeit, war hohe Anerkennung, namentlich für meine Gedichte. Auch Hanni gefiel er sehr … und gerade diese Gespräche – von der Form und ihrem*

*Verfall; vom Kirchenlied ... Doch war ich mit den Gesprächen ... nicht sehr zufrieden* (13. Februar 1938).

*

Seit längerer Zeit schon schwelt ein stiller Konkurrenzkampf zwischen den beiden geistlichen Dichtergrößen. Der um 25 Jahre ältere Schröder (1878–1962) hatte schon ein beachtliches künstlerisches und literarisches Lebenswerk vorgelegt: Als jungem Architekten wird ihm die Ausstattung des Ozeandampfers *Die Bremen*, eines luxuriösen Kreuzfahrtschiffes, übertragen; als Maler werden seine Aquarelle und Buchillustrationen in Kunstausstellungen gezeigt. Danach übersetzt er als kompetenter Kenner der Antike die griechischen homerischen Epen Ilias und Odyssee und die lateinische Lyrik eines Vergil und Horaz ins Deutsche und dehnt seine Sprachkenntnisse auf englische, französische und niederländische Texte aus. Als Soldat erlebt Schröder in den brutalen Schlachten des Ersten Weltkrieges den Zusammenbruch seines humanistisch-idealistischen Weltbildes und wendet sich immer stärker dem christlichen Gedanken- und Glaubensgut zu, dokumentiert in seinem Gedichtband MITTE DES LEBENS von 1930; eine Dichtung, die in allen kunstreichen Rhythmen und Reimen, in einer absichtsvoll traditionsgebundenen Stilisierung brilliert, angereichert mit eigenwilligen Wortschöpfungen. Schröder findet seine geistliche Heimat im Eckart-Kreis und später in der Bekennenden Kirche; in diesem Umfeld wird Klepper auf Schröder aufmerksam. *Ich muss viel an Rudolf Alexander Schröder denken, den ich zuerst durch Chansons kennenlernte, und der nun – mit siebenundfünfzig Jahren – so angesehen, so ernsthaft, so erwünscht als der einzige Dichter des Protestantismus hervortritt* (20. Oktober 1935). Schröder setzt sich dann bei Ihlenfeld für eine Gedicht-Sammlung Kleppers ein, und dieser vermerkt dazu: *Dies freut mich sehr; denn R. A. Schröder ist ja für mich der letzte große Lyriker, der Beherrscher aller Formen, der letzte Meister – ohne Schüler. Um die Dichtung steht es verzweifelt* (17. Juni 1937).

Klepper steht zur Zeit des Besuchs von R.A. Schröder mit seinen wenigen geistlichen Liedern erst am Anfang. In der fortschreitenden Liedgeschichte jedoch verlagern sich die Gewichte: Im Stammteil des Evangelischen Kirchengesangbuchs (EKG) von 1950 sind von Schröder fünf Lieder gegenüber drei Liedern von Klepper aufgenommen; im Evangelischen Gesangbuch (EG) von 1993 von Schröder nur drei: **Wir glauben Gott im höchsten Thron** (EG 184 mit der Melodie des für das geistliche Lied so wichtigen Komponisten Christian Lahusen), **Es mag sein, dass alles fällt** (EG 378) und **Abend ward, bald kommt die Nacht** (EG 487), von Klepper aber zwölf Texte (eine Aufgliederung folgt bei der Besprechung des KYRIE), und im katholischen Gotteslob von 2013 zähle ich sechs Klepper-Lieder – die Kirchen und ihre Gemeinden haben Klepper im deutsch-ökumenischen Horizont als richtungsweisende geistliche Stimme aus der ersten Hälfte des 20. Jahrhunderts schätzen gelernt.

*

An der Jahreswende 1937/38 liegen also sieben Lieder von Klepper vor, im Laufe des Jahres 1938 kommen weitere neun hinzu – Kleppers Liederjahr. *Berlin muss indes erfüllt sein von den gewaltigen Aufmärschen und Betriebsappellen zum »Tag des Großdeutschen Reiches«. Am Nachmittag schrieb ich ein »Abendmahlslied der Männer« über 1. Timotheus 2,8.* **So will ich, dass die Männer wieder beten.** *Das ist mein Beitrag zu diesem Tag des neuen Reiches* (9. April 1938). – *Früh wieder Anruf Ihlenfeld. Zum Herbst will er nun meine Gedichte in der gleichen schönen Ausstattung wie R. A. Schröders »Lobgesang« herausbringen … Dass die Gedichte erscheinen sollen, ist eine meiner größten beruflichen Freuden* (14. April 1938). Immer häufiger finden sich Spuren des Entstehungsprozesses im Tagebuch: *Gestern Abend und heut vor dem Konzert schrieb ich ein Gründonnerstags-Kyrie* **Heute bin ich meines Heilands Gast**; und von Bachs Matthäus-Passion bleibt ihm: *Die Choräle das letzte an protestanti-*

*schem Ausdruck; von solcher Stärke und Gewissheit, solchem Zutrauen, dass Hanni es aussprach* (15. April 1938, Karfreitag). – *Abends um zehn fängt es an, ruhig für mich zu werden. Ich arbeitete noch bis dreiviertel eins; ich schrieb ein Mittagslied zu dem Morgen- und Abendlied:* **Der Tag ist seiner Höhe nah**. *Aber ich bin verstörter denn je. Ich fürchte, diesmal haben wir zuviel auf uns genommen* (4. Juni 1938). – *Das »Mittagslied« heute erst recht »fertig gedichtet« und Bore* – so nennt Klepper jetzt seine Frau Hanni nach Luthers Frau Katharina von Bora, an deren Biographie er gerade arbeitet – *zu Pfingsten geschenkt. Nach neuen Kirchenliedern ist immer wieder der Friede, der im Herzen immer herrscht, auch in den Sinnen und Nerven* (5. Juni 1938, Pfingsten). – *Ich schrieb ein Silvesterlied über Jesaja 46,4 und 5. Mose 32,7.* **Ja, ich will euch tragen**. *Das Gedichtbändchen für Ihlenfeld zusammengestellt* (19. Juni 1938). – *Ich schrieb am Abend ein Kirchenlied, ein Geburtstagslied:* **Gott wohnt in einem Lichte, dem keiner nahen kann** (10. Juli 1938).

Die Gedichte beginnen sich auszubreiten, Komponisten besuchen ihn; aus den als Text konzipierten Gedichten werden Kirchenlieder mit Melodie und Harmonie. *Auf einmal kommen die Musiker: heute ein Gerhard Schwarz vom Kirchenmusikalischen Institut des Ev. Johannesstiftes in Spandau, der mich wegen meiner Liedertexte sprechen will* (6. Juli 1938). – *Ich glaube, er kam gerade im rechten Augenblick, um mich vor einer großen Erstarrung in etwas formal Falschem zu bewahren – er kam zu mir, wie er sagte, weil er gesehen hat, dass es bei Schröder zu spät ist … Die Wendung, die ich gemacht habe, mit dem Text der Bibel zu »dichten« (wie im Roman mit der Geschichte), hält er für den einzigen Weg zum neuen Choral, sonst wird nämlich Museum daraus; wenn wir die Alten mit einer Naivität nachahmen, die wir 1938 nicht mehr haben können. Von meinen bereits vorliegenden Texten kommt für die Musik nichts in Frage, so sehr er einzelnen Zeilen und dem gesamten Tenor der Texte nachtrauert* (12. Juli 1938) – *Um sieben kam Gerhard Schwarz, für zwei Tage hier, zu mir heraus, und wir arbeiteten nun zum ersten Male zusammen, stellten den Choral zu dem Chorwerk »Der verlorene Sohn« fertig. Mein Entwurf war ziemlich »richtig« ge-*

*wesen. Nun wird wirklich das Letzte an Subordination verlangt: nach der Bindung an dem Bibeltext nun die ausschließliche Rücksichtnahme auf das gut Singbare* (20. August 1938).

Und einige Zeit später: *Kirchenmusikdirektor Werner-Potsdam schreibt mir, dass er zwölf Lieder aus dem »Kyrie« vertont hat und mich wegen weiterer Zusammenarbeit sprechen will* (26. November 1938). – *Vor dem Furtwängler-Konzert – dem ersten, in dem nun keine Juden im Publikum sein werden – war Kirchenmusikdirektor Werner-Potsdam zum Tee bei uns und spielte mir … zwölf meiner »Kyrie«-Lieder vor, bis auf das »Morgenlied« für mein Gefühl sehr schön; doch während Gerhard Schwarz alles herber, strenger, härter machen würde, ist nun gerade das Subjektive, Gefühlsmäßige betont, ohne aber etwa ins Gefühlvolle abzugleiten … Die »Kyrie«-Vertonung ist eine schöne Besonderheit dieses ersten Advents* (28. November 1938).

Die wichtigsten Melodisten der Klepper-Lieder aus dieser frühen Zeit im Evangelischen Gesangbuch von 1993 (EG): Gerhard Schwarz (1902–1984) (im EG mit keinem Klepper-Lied vertreten) und Fritz Werner (1898–1977) (EG 457, EG 486), Johannes Petzold (1912–1985) (EG 16 von 1939, EG 208 von 1948), Friedrich Samuel Rothenberg (1910–1997) (EG 380 von 1939) und Rudolf Zöbeley (1901–1991) (EG 452 von 1941). Und die ganze Blütenlese dieses zeitgenössischen Liedguts mündet 1949 in die Sammlung DAS JUNGE LIED. 80 NEUE LIEDER DER CHRISTENHEIT. Der Herausgeber Friedrich Samuel Rothenberg schreibt im Vorwort: *Von vielen unbemerkt, sind der Gemeinde Jesu Christi in den letzten zehn, fünfzehn Jahren eine ganze Reihe neuer Lieder zugewachsen. Sie wurden in kleinen Heften und auf losen Blättern verbreitet und sind teilweise bereits zum festen Besitz der singenden Jugend geworden. Wenn wir heute eine erste umfassende Sammlung vorlegen, so tun wir es in der Hoffnung, dass dieses Heft dem zeitgenössischen Lied einen weiten Raum erschließen möge.* Die Vertonung erfolgt zumeist in dreistimmigen Sätzen, damit die Lieder von Singkreisen und Jugendchören benutzt und verbreitet werden können. Auf diese Weise sind wichtige Namen aus der Bekenntnisbewegung im Dritten Reich an die neue Zeit des materiellen und geistigen Wiederaufbaus und an die in Zukunft erscheinenden Kirchengesangbücher weitergegeben worden: neben Jochen Klepper (12 Lieder in diesem Büchlein) und Rudolf Alexander Schröder besonders Otto Riethmüller, Kurt Müller-Osten und Hermann Claudius, samt den nachgelassenen Dichtungen der im Krieg Gefallenen wie Siegbert Stehmann, Gerhard Fritzsche und Siegfried Goes.

Zurück zu Kleppers Lebensweg: Seinem Anwesen im Berliner Südende droht die Enteignung, wenn die Stadtplanung der Regierung verwirklicht werden sollte: gewaltige Nord-Süd- und Ost-West-Achsen durch ganz Berlin; das Villenviertel in Südende gehört zum Abbruchgebiet. Gemeinsam hält das Ehepaar Ausschau nach einem Grundstück in Berlin-Nikolassee, das sie sich leisten können und dürfen; im August ist Grundsteinlegung. Im September der dringend erforderliche Erholungsurlaub im Riesengebirge am Fuß der Schneekoppe. Und dann ist es so weit: *Beim Frühstück kam, mit sehr herzlichen Zeilen von Ihlenfeld, eine Sendung von fünf »Kyrie«-Exemplaren* (18. September 1938) – so heißt nun das Gedichtbändchen mit 16 Liedern aus dem Berliner Eckart-Verlag. Gleich nach der Rückkehr von der Ferienreise muss Hanni bei der Polizei den Juden-Vermerk in alle ihre Ausweise einstempeln lassen. Mit großer Freude vermerkt Klepper das gute Echo auf seine veröffentlichten Lieder: *D. Erich Stange schreibt zum »Kyrie«, wie nahe doch das Amt des christlichen Dichters dem des Predigers steht … Ein Pfarrer Knapp im Württembergischen schreibt, dass sein schwerkranker Vater das »Abendlied« oft Vers für Vers wiederholte und sich das »Kyrie« zu Bibel und Gesangbuch auf den Nachttisch legen ließ. Alles geht den ersehnten, erbeteten Weg* (5. Oktober 1938). Die Verse zeigen Wirkung sowohl auf die Leser wie auf den Verfasser: *Die dritte Nacht ohne Schlafmittel überstanden. Es muss um des »Abendliedes« im »Kyrie« willen sein. – Ich will es bis zum Äußersten versuchen* (8. Oktober

1938). – *Aus den Dankbriefen fürs »Kyrie« geht deutlich hervor, dass das »Abendlied« die Leser am stärksten berührt, das meine eiserne Lehre enthält: auf jeden Blick voraus einen zurück!* (10. Oktober 1938).

Ein schlimmes Jahr des politischen Geschehens: vollständige Kontrolle aller Lebensregungen in Mode, Musik und Markt durch die Partei. Der Führer übernimmt den Oberbefehl über die gesamte Heeresmacht; Juden werden, sofern sie noch da sind, aus allen Stellungen verdrängt. Eingliederung Österreichs, Niemöllers Prozess in Berlin, Sudetenkrise, allgemeine Kriegsgefahr, Münchener Abkommen. Im November die Reichskristallnacht: Synagogen brennen, Läden werden geplündert, die jüdischen Bewohner abtransportiert. *Nach einer Auswahl, die unergründlich ist, werden jüdische Männer aus ihren Wohnungen von der Geheimen Staatspolizei weggebracht. Wie man im Schlafe aufschrickt – als würden Hanni, Brigitte, Renerle abgeholt –, das sagt genug* (10. November 1938). – *Gestern neue Goebbelsrede: Die Judenfrage wird endgültig gelöst* (14. November 1938). Und die Kirche? Manche Christen schauen weg, andere verstecken heimlich jüdische Volksgenossen, die meisten schweigen. Wer als Pfarrer in einem Gottesdienst nicht nur andeutet, sondern deutlich redet, verschwindet im Konzentrationslager – im Tagebuch wird von solchen Vorgängen berichtet.

Am 4. Advent 1938 erfüllt sich nach über sieben Jahren ein sehnlicher Wunsch: Hannis christliche Taufe und die anschließende Trauung des Ehepaars in der Mariendorfer Martin-Luther-Gedächtniskirche; am Christfest begleitet sie ihn zum ersten Mal zum Abendmahl. Im Tagebuch ist zu lesen: *Der große, große Ausgleich, den dieses von außen so bedrohte, in seinen häuslichen Idyllen so furchtbar erschütterte Weihnachten uns bringt, sind die Briefe – die Leserbriefe, die Pastorenbriefe; und die Lieder. In dieser Weihnachtszeit singen mein »Weihnachts-Kyrie« die Betheler Kurrende und der Betheler Schwesternchor der Potsdamer Nicolaikirche. Die Bibelworte am Morgen und die Briefe des Tages: die helfen immer wieder aus der*

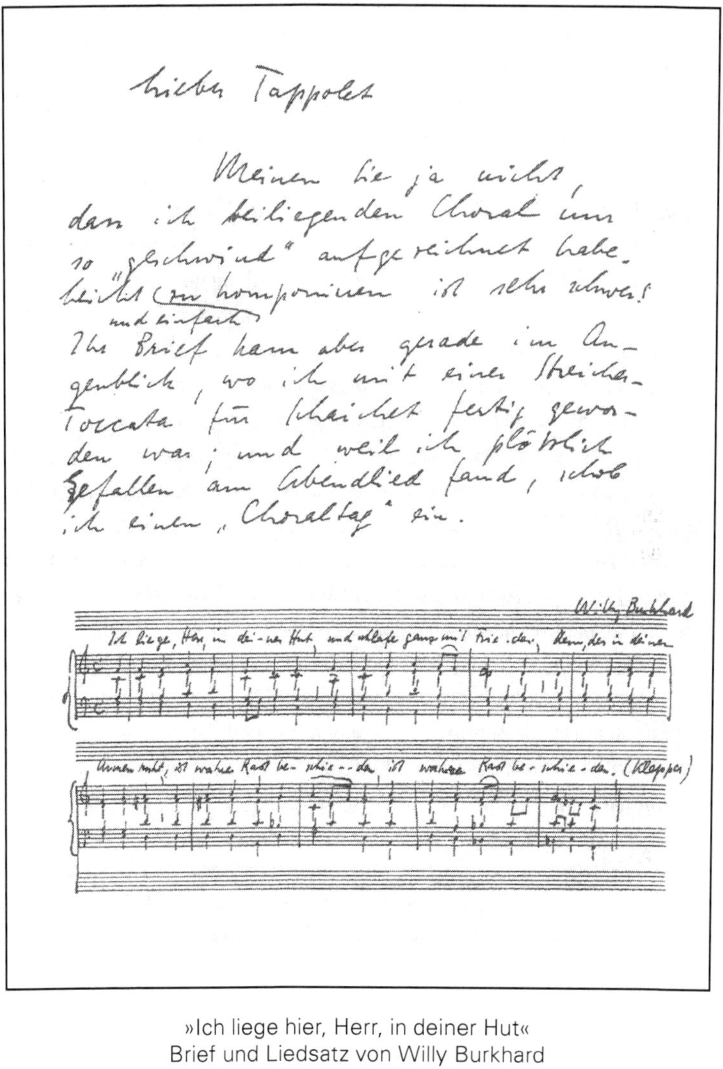
Lieber Tappolet

Meinen Sie ja nicht, dass ich beiliegenden Choral nur so „geschwind" aufgezeichnet habe. Leicht (zu komponieren und einfach) ist sehr schwer!
Ihr Brief kam aber gerade im Augenblick, wo ich mit einer Streicher-Toccata für Schaichet fertig geworden war; und weil ich plötzlich Gefallen am Abendlied fand, schob ich einen „Choraltag" ein.

Willy Burkhard



»Ich liege hier, Herr, in deiner Hut«
Brief und Liedsatz von Willy Burkhard
an Walter Tappolet im Januar 1939

*Müdigkeit und Verwirrung auf. Unser Leben scheint in allen Fugen zu beben: und doch ist alles aufs schönste gekommen* (29. Dezember 1938). Und in den ersten Wochen des neuen Jahres kann Klepper feststellen: *Das für mich Unfassliche ist geschehen; das »Kyrie« ist in die Häuser gedrungen* (9. Januar 1939). – *Tappolet, ein Schweizer Kirchenmusikmann, schreibt mir, dass in einer gekürzten Fassung mein Abendlied nun in das neue evangelische Kirchengesangbuch der deutschen Schweiz kommt. Nun ist da, was ich erst am Ende meines Lebens für möglich hielt, ja, nach dem Tode. Das begreife ich immer mehr: für den Gemeindegebrauch tut Kürze not … Das ist wunderbar: einmal erschöpft sein vom Schreiben, nicht von Verhandlungen. Ich könnte unentwegt schreiben* (13. Februar 1939).

## *1939*

*Hitler in Prag. Protektorat Böhmen und Mähren gehört dem Reichsgebiet an. Kein Krieg* (16. März 1939). Überlegungen und Verhandlungen zur Ausreise der älteren Tochter Brigitte. Die Bemühung um einen Aufenthalt in Schweden führen zu keiner Lösung; vielversprechender sind die Anträge für eine Reise nach England. Und tatsächlich: *Als die heutige Losung noch aufgeschlagen auf dem Schreibtisch lag, rief Brigitte an: Sie hat auf dem Britischen Konsulat das Visum erhalten* (24. April 1939). – *Zum ersten Male sagte heute Hanni: »Ich will meine Kinder behalten.« Aber sie wollen nun ihr eigenes Leben. Dabei ist alles bei ihnen ohne jede Emigrantenpsychose* (29. April 1939). Nach ihrem Abitur reist Brigitte zu Freunden nach London und bleibt als Hausgehilfin dort – für immer. Vor Pfingsten zieht die restliche Familie Klepper ein in ihr neues Haus in Berlin-Nikolassee, Teutonenstraße 23. *Man möchte überströmen vor Dank. Hanni entsinnt sich, da die Gesetze über das Wohnen der Juden heraus sind, immer wieder, wie ich einmal sagte: »Wenn Gott es will, so kann er in Gesetzen ›Lücken‹ für uns schaffen«. Es ist so gekommen. Dieses Haus ist erbetet* (22.–25. Mai 1939).

Der schöpferische Funke zur literarischen Arbeit ist aber fast verglommen. *Große Sehnsucht, Kirchenlieder zu schreiben; und kein Tag lässt es mehr zu* (23. Januar 1939). – *Nun sind's schon über 50 »Kyrie«-Melodien. Dass ich gar kein Kirchenlied mehr schreibe, sagt genug über alle diese Monate* (7. Mai 1939). – *Ach, alle die Verse! – Noch nie hat Gott geschwiegen, wenn ich vor einem sichtbaren Abschnitt des Lebens sein Wort dazu erbat. Und wie oft habe ich nun spüren dürfen, dass Gott sich zum Kirchenliede bekennt und seinen heiligen Geist dazu gibt* (21. Mai 1939). Fast wie ein Wunder: *Endlich wieder geschrieben! Die deutsche Umdichtung des ambrosianischen Hymnus »Jam lucis orto sidere«* **Schon bricht des Tages Glanz hervor** *für den Kirchenmusik-Kreis des Burckhardthauses (evangelische Jungmädchenverbände), der mich darum gebeten hatte; leider während der Umzugstage. Hier kann nur noch Gott helfen, dass ich wieder zur Arbeit komme. Die Alten und die Jungen gleich müde* (5. Juni 1939).

*

Die Anfrage vom Burckhardthaus kommt nicht von ungefähr, und damit tritt ein anderer Dichter-Theologe ins Blickfeld. 1928 wird der schwäbische Pastor Otto Riethmüller (1889–1938) leitender Direktor des Burckhardthauses in Berlin-Dahlem, der Zentrale des Zusammenschlusses der evangelischen weiblichen Jugend in Deutschland. Er entwickelt eine rastlose Tätigkeit in Predigten und Vorträgen, in Großveranstaltungen, Bibelseminaren und Singfreizeiten. Unkonventionell und mit feinem Gespür für die Bedürfnisse der Jugend gestaltet er die Gottesdienste: Die Gemeinde lässt er aufstehen und einen Kernsatz gemeinsam wiederholen; er singt mit allen Zuhörern Kanons und unterbricht seine Ansprache mit einem Lied, Zeile um Zeile vorgesagt, nachgesungen und dann ausgelegt in einer Art Liedpredigt. Riethmüller stellt seine gesamte Jugend- und Gemeindearbeit auf eine klare biblische Grundlage: fortlaufende Bibellese, Jahreslosung, Monatsspruch und Monatslied, und die Kirchen sind ihm darin bis heute gefolgt. Er entdeckt eine ganz neue gottesdienstliche Feierform: die Sprechmotette für Sing-, Sprech- und Bläserchor, die Gemeinde wird aktiv mit einbezogen; eine straffe Dramaturgie von Bibelwort und Kirchenlied, ein biblisches Oratorium – etwas Ähnliches haben wohl die Kirchenmusiker Schwarz und Werner im Blick, wenn sie von Jochen Klepper das Libretto eines Oratoriums erwarten.

Immer mehr rückt für Riethmüller das geistliche Lied in den Mittelpunkt: Lobopfer für Gott und lockende Botschaft für Menschen, seelischer Ausdruck für den Einzelnen und stärkender Eindruck für die Gemeinschaft. So ist es nur folgerichtig, dass Riethmüller 1932 ein Gesangbuch mit fast 500 Nummern herausgibt: EIN NEUES LIED. EIN LIEDERBUCH FÜR DIE DEUTSCHE EVANGELISCHE JUGEND. Neben dem reformatorischen und barocken Liedgut wirft Riethmüller ganz weit die Netze aus: Er überträgt lateinische Hymnen ins Deutsche (z.B. EG 223 **Das Wort geht von dem Vater aus**; EG 485 **Du Schöpfer aller Wesen**); erstmals macht er die wertvollen Gesänge der Böhmischen Brüder für die heutige Zeit nutzbar (z.B. EG 104 **Singen wir heut mit einem Mund**); er bearbeitet alte Volkslieder und ihre mehrstimmigen Sätze (z.B. EG 69 **Der Morgenstern ist aufgedrungen**) und kompiliert Strophen verschiedener Herkunft zu einem neuen Lied (z.B. EG 263 **Sonne der Gerechtigkeit**).

Dann erschüttert die Machtergreifung der Nationalsozialisten 1933 Pastor Riethmüller und sein Werk: Gleichschaltung und Unterordnung der Jugendarbeit unter die Hitlerjugend; Versammlungen werden verboten, Sitzungen mit Wanzen abgehört, Schreibtische aufgebrochen und Dokumente beschlagnahmt, dem Leiter drohen Verhöre und Konzentrationslager. Seine wenigen eigenen Lieder wie **Nun gib uns Pilgern aus der Quelle** und **Herr, wir stehen Hand in Hand** werden auf Liedblättern bekannt und strahlen wie zuvor Trost und Hoffnung aus. Riethmüller aber ist körperlich und seelisch zermürbt und gebrochen; im November 1938 stirbt er drei Monate vor seinem 50. Geburtstag – ein ähnliches Zeitgeschick und Lebensschicksal, wie es Jochen Klepper erleiden muss. So ist die Anfrage des Burckhardthauses durchaus verständlich, wenn sie in Klepper den geistesverwandten, biblisch verankerten und theologisch versierten Dichter sehen.

*

Für Klepper mehren sich nun die offiziösen Aufträge: *Einer der führenden Männer der Bekenntniskirche suchte mich auf, der sehr namhafte Generalsuperintendent Dibelius … Er wollte von mir ganz konkrete Lieder für das geplante Gesangbuch der Bekenntniskirche: ich fürchte, dass in allen Gruppen der armen, zerrissenen Kirche heute »das neue Lied« – einschließlich Eckart-Verlag – auf eine gar sehr menschliche Weise arg forciert wird … Am Kirchenliede arbeite ich jeden Tag. Aber ich kann warten. Das Lied hat andere Voraussetzungen, als die ahnen, die es von der Zeit gefordert sehen: sehr harte Voraussetzungen. Leicht lässt Gott uns nicht singen* (12. Juli 1939).

Im Juli mehrtägige Luftschutzübungen, Probealarm und Verdunkelung, Autos werden bereits requiriert, Studenten und Beamte zur Erntehilfe eingesetzt. Nervenkrieg und Propagandagetöse: Danzig, Korridor und Oberschlesien. Klepper aber notiert, was ihn bewegt: *Endlich habe ich wieder Kirchenlieder geschrieben: Das »Christbaum«-Lied Hosea 14,9 und ein Abendliches Trostlied Jeremia 15,16.* **In jeder Nacht, die mich umfängt** (24. Juli 1939). Um der Lieder willen wird ein Klavier angeschafft: *Hanni, die in der Stadt war, brachte mir ein großes Choralbuch mit. So habe ich nun zum ersten Male gespielt. Es ist ein eigenes Gefühl, dass nun ein Instrument im Hause ist. Renerle sagte nur: »Nun wirst du noch melancholischer werden«. Ich erhoffe das Gegenteil* (7. August 1939). Kurt Ihlenfeld und Oberkonsistorialrat Oskar Söhngen kommen zu einer Besprechung: *Es war ein wirklich interessanter, diesmal kir-*

*chenbehördlicher Besuch, die Gesangbuchreform und sogar liturgische Fragen betreffend. Ganz besonders stand der Mangel an Trauliedern zur Debatte, und das Tauflied. Für diese beiden Gebiete bittet man am dringlichsten um meine Mitarbeit. Und ich habe mich ja längst schon so entschieden: nur noch Arbeit am Kirchenlied und am Roman. Nur hatte ich nie für möglich gehalten, dass »die Kirche« so rasch meine Mitarbeit in so direkter Weise suchen würde* (22. August 1939).

Am 1. September Blitzkrieg in Polen mit ersten Opfern an der Front; Frankreich und England greifen ein – der Weltkrieg ist da. Ein Zickzackkurs der Ereignisse und Gefühle: Im Herbst sind vom KYRIE 6.000 Exemplare verkauft, für den Weihnachtsmarkt wird im Dezember eine zweite Auflage gedruckt. DER VATER geht ins 30. Tausend; die Honorare aus dem Verkauf helfen Klepper ein wenig bei den drückenden Hausschulden. Den jüdischen Familiengliedern werden Lebensmittelkarten und Kleidercoupons gekürzt und gestrichen; der Kirchenmusiker Tappolet aus der Schweiz schickt Kaffee und Schokolade. Klepper erlebt das Glück der Aufnahme seiner Kirchenlieder: *Es wird mir auch geschrieben, wo man ein Weihnachtslied von mir singt, ein Gedicht von mir bei Adventsfeiern spricht. Und Zeilen von mir sollen »eine liebe und teure Gabe« sein? Ich stehe immer wieder staunend davor, dass es den Weg vom Schreibtisch zu den fernen Menschen gibt* (12. Dezember 1939). – *Um einhalbvier erschien ein Trüpplein Studenten und Studentinnen ...: eine Kurrende, mir meine Lieder und andere, alte Adventslieder zu singen: aufs schönste. Und das mir, der ich mich so nach Liedern der Festzeit im Hause sehne!* (14. Dezember 1939). – *Und das alles darf ich schon mit einem so schmalen Gesamtwerk, einem gerade erst begonnenen, erleben! Das Pfarramt der Kaiser-Wilhelm-Gedächtnis-Kirche hat mein Weihnachtslied »Sieh nicht an, was du selber bist« als Weihnachtsgruß an alle Gemeindeglieder versandt. Und nun ist die Zahl der Dankesbriefe so groß* (14. Januar 1940).

Strenger Winter: Kohlenmangel und Kartoffelknappheit, Klepper kann nicht einmal genügend Schreibpapier auftreiben. Und trotzdem: *Heute schrieb ich nun ein Hochzeitslied, über unsern Trautext Philipper 4,4–7.* **Freuet euch im Herren allewege!** (29. Februar 1940). Hanni bemüht sich bei Pastor Grüber, dem Leiter der Hilfsstelle für Judenchristen, und beim Studentenpfarrer Helmut Gollwitzer um eine Ausreise für die jüngere, nun 18 Jahre alt gewordene Tochter Renate, nachdem sich die Berichte von Juden-Deportationen aus den besetzten Gebieten bestätigen. *Als Schmerzlichstes rückt nun ganz in den Vordergrund, Renerles Auswanderung zu ermöglichen. Es bleibt nur noch der eine Ausweg: Tappolets in Zürich, die so gutherzig und gutgläubig auf Renerle warten. Aber mit der Einreisegenehmigung ist's fürchterlich* (20. Januar 1940). Botschafter und Diplomaten aus der Schweiz suchen nach neuen Wegen, aber die Auskunft der Berner Fremdenpolizei lautet: *»Bewilligung so gut wie ausgeschlossen«* (19. März 1940).

Einmarsch in Norwegen und Dänemark, die Siegesmeldungen lassen hohe Verluste ahnen. Fliegerangriffe auf deutsche Städte. Immer mehr Jahrgänge junger Menschen werden eingezogen. Behinderte werden abtransportiert, und nach einiger Zeit bekommen die Angehörigen die Urnen zugestellt. Bei Kleppers finden Kontrollen von SS-Männern wegen der jüdischen Familienglieder statt. *Von Monat zu Monat wird das Unglück in der Welt größer, so dass man das den Juden auferlegte Leid nicht mehr isoliert sieht* (2. Mai 1940, Himmelfahrt Christi). – *Nun ist der Krieg, der gar schon der »Halbfriede« hieß, der große Krieg geworden. Die deutschen Truppen sind in Holland, Belgien und Luxemburg einmarschiert. Aus der Schweiz die definitive Antwort für Renerle: Der Kanton Zürich verweigert den nachgesuchten Aufenthalt – Überfremdung – Belastung des Arbeitsmarktes – die Wiederausreise ist nicht gesichert* (10. Mai 1940); die Schweiz, bisher noch schützende Burg für die Freiheit der Asylanten, hat die Grenzen dichtgemacht. Glocken läuten zum letzten Mal vor dem Umschmelzen zu Granaten. Klepper bereitet eine dritte, vermehrte Auflage von KYRIE vor: *Ich schrieb ein Bußtagslied über Daniel 9 und das »Herr, erbarme dich unser – Christe, erbarme dich unser« der sonntäglichen Liturgie* **Wir taten Unrecht, fielen tief***; nun erst, mit dem Himmelfahrts-, dem Oster- und dem Bußtagslied, ist das »Kyrie« abgeschlossen, und ich freue mich der erweiterten Auflage, die diese vollständige Form des gar zu schmalen Bändchens ermöglicht* (13. Mai 1940, Pfingstmontag).

Paris wird eingenommen, jetzt geht es gegen England. Andauernde Fliegeralarme, britische Bomben auf Berlin, und viele Stunden des Tages verbringt die Familie im Luftschutzkeller. Renate lässt sich im Juni christlich taufen, aber ihre Zukunft bleibt nach wie vor ungewiss. Sie wird zum Arbeitsamt bestellt und als Montiererin bei den Siemens-Schuckert-Werken in der exponierten Rüstungsindustrie zwangsverpflichtet, immer noch besser als die Zwangsdeportation, die letztlich doch nicht ausgeschlossen ist. In das Tagebuch schreibt er für sie das Lied **Nun sich das Herz von allem löste** (EG 532) unter dem Titel *Meinem Kinde* (29. August 1940).

**Nun sich das Herz von allem löste**,
was es an Glück und Gut umschließt,
komm, Tröster, Heiliger Geist, und tröste,
der du aus Gottes Herzen fließt.

Nun sich das Herz in alles findet,
was ihm an Schwerem auferlegt,
komm, Heiland, der uns mild verbindet,
wo uns die Welt nur Wunden schlägt.

Nun sich das Herz zu dir erhoben
und nur von dir gehalten weiß,
bleib bei uns, Vater. Und zum Loben
wird unser Klagen. Dir sei Preis!

Am 7. September 1940 wird Jochen Klepper zur Musterung zum Wehrdienst einbestellt. Er selbst denkt nur an seine Lieder: *Aber ich schrieb das Weihnachtslied* **Wer warst du, Herr, vor dieser Nacht?** (23. Oktober 1940). Und dann im November: *Am Nachmittag war ich auf das Wehrmeldeamt bestellt, meinen Einberufungsbefehl entgegenzunehmen: am 3.12. bei der 5. Fahr-Ersatzschwadron 3, Fürstenwalde* (25. November 1940). Die regelmäßigen Tagebuch-Einträge enden. Im Juni 1941 erscheint die dritte, auf 30 Lieder angewachsene Ausgabe des KYRIE; die Nachricht hört Klepper fernab auf dem Balkan. Dann wird das Papier zum Druck nicht mehr genehmigt; handschriftlich und als Flugblätter laufen seine Gedichte um, an der Front und in der Heimat, in Kirchen und Gefängnissen, von Hand zu Hand.

*

Einmal muss der atemlose Zeitlauf angehalten und das schmale Büchlein KYRIE genauer in Augenschein genommen werden. Wie kaum ein anderer Autor, und mehr als seine Dichterfreunde Kurt Ihlenfeld, Rudolf Alexander Schröder und Reinhold Schneider, durchdenkt und durchleidet Klepper die Möglichkeit oder Unmöglichkeit christlicher Dichtung; er ringt in sprachlicher Zucht, geistiger Klarheit und religiösem Tiefsinn um ihre Verwirklichung, und dies unter den extremen politischen und persönlichen Umständen. Von der übermächtigen, schrecklichen wie schützenden Vatergestalt Gottes kommt er nie los; an ihr reibt er sich mehr als an den Funktionären, Propagandisten, Diktatoren und fanatisierten Massen, die ihn ängstigen und quälen. Ihm, der so gern eine bürgerlich geordnete Existenz im gottgegebenen Obrigkeitsstaat geführt hätte, wird das ewige Haus zum Ziel seiner Sehnsucht.

Leitlinie und Wegzehrung findet Jochen Klepper im Wort der Bibel. In die Tagebücher schreibt er zumeist die für jeden Tag ausgewählte Herrnhuter Losung. Ebenso ist jedes seiner Lieder unter ein Bibelwort gestellt, und Klepper hält es nicht für ein frommes Aushängeschild, sondern für einen fruchtbaren Wurzelboden: Dichtung also mit und aus dem Vorrat an biblischen Worten, Bildern und Gedanken; *Dichtung als Dialog mit Gott in seinem Wort. Dichtung als Bibelexegese; Bibelverkündigung wider Willen, da jede bewusste Steigerung des Künstlerischen ins Religiöse von mir abgelehnt wird* (21. September 1932), wie er schon früh erkennt. Seine Abhandlung DAS GÖTTLICHE WORT UND DER MENSCHLICHE LOBGESANG aus dem Jahr 1938, im von Kurt Ihlenfeld herausgegebenen Sammelband DAS BUCH DER CHRISTENHEIT 1939 erschienen, betrachtet Klepper trotz der bruchstückhaften Ausarbeitung als sein *vorläufiges Testament*, sein poetisches Regelwerk, das seine Grundsätze und Arbeitsmethoden offenlegt.

Seine Abhandlung beginnt Klepper – wie sollte es auch anders sein – mit einem Bibelwort; im Verlauf der Darstellung beanspruchen die ausgeschriebenen Belegstellen der Heiligen Schrift fast mehr Raum als seine eigenen Formulierungen.

*Offenbarung und Deutung*

*»Da glaubten sie an seine Worte und sangen sein Lob.« In diesem zwölften Verse des 106. Psalmes ist alles zusammengefasst, was von dem Worte Gottes und den Dichtern sich sagen lässt. Es ist ausgedrückt in vollkommener Schönheit. Und es ist zugleich festgelegt mit der äußersten Nüchternheit … Nirgends sind Gefühlsseligkeit und Undeutlichkeit mit strengerer Schärfe zu verbannen. Der Ernst, die Schwere und die Tiefe des Zusammenhanges von Offenbarung und Deutung stehen zu klar vor jedem, der unvoreingenommen zu sehen bereit ist: es geht um die, welche vom Worte und für das Wort leben, und um das Wort, welches das Leben ist.*

Von dieser Prämisse aus beurteilt Klepper Schrift und Buch, Wort und Wörter. *Gott hat es gefallen, an die Menschheit sein Wort, das der Geist und das Leben ist, in einem Buche zu richten. Wohl und wehe allen, deren Leben dem Bücherschreiben gehört. Ihr Maß war bestimmt, ihr Ziel war gesetzt, ehe sie zu schreiben begannen und nach den Formgesetzen ihres Schaffens Normen aufzurichten trachteten. Wer vom Worte lebt, kann nicht vorüber am Worte des Lebens. Wer Bücher schreibt, vermag nicht, sich dem Buch der Bücher zu entziehen. Er ist gebunden an die Heilige Schrift: er beuge sich oder lehne sich auf. Alle dichterische Deutung, als Gestalt und Gehalt, wird gemessen an der Offenbarung … Das ewige Wort im Buche des Lebens ist der Maßstab für alles irdische Wirken am Worte.* Dichtung also nicht der Ausbruch eines leidenschaftlichen Gefühls oder einer hemmungslosen Phantasie, nicht schmückendes Rankenwerk oder modisches Wortgeklingel. Verstehen wir nun Kleppers künstlerisches Selbstverständnis, sein Wort als karge und korrekte Paraphrase, als dichterische Beschreibung oder gar Umschreibung eines viel höheren Wortes, vor dem alle übrigen Wörter verblassen?

Wenn sich ein Poet dieser Verpflichtung so vorbehaltlos bewusst ist, dann rückt sein Dienst am Wort in die Nähe der ansprechenden und zusprechenden Predigt, ja in die Funktion der biblischen Schreiber selbst. *Wo wir uns zu solcher Haltung dem Worte gegenüber entschließen – wie sie von Gott her über uns beschlossen ist –, dürfen wir wiederum den Dichter, der sich solcher Beugung unterwirft, in einem Zusammenhange sehen mit den Psalmisten, Propheten, Evangelisten und Aposteln. Denn »der Herr gab das Wort mit großen Scharen Evangelisten«.*

### *Gehalt und Gestalt*

*… Es gilt, der Dichtung gewiss zu werden durch die Theologie. Es heißt, die Theologie als eine res publica, als ein allgemeines Anliegen zu begreifen durch die Dichtung. Zu dritt, und darin ist alles andere einbezogen, muss das Wort Gottes erfahren werden als Gehalt und Gestalt, muss jedes Bibelwort imstande sein, Dichtung auszulösen, und jeder Reim, hinzuweisen auf Gesetz und Offenbarung der Heiligen Schrift …*

### *Auftrag und Anspruch*

*... Freilich ist dies der unmittelbarste biblische Auftrag zur Dichtung, wie da in den Psalmen stets von neuem gemahnt und gelockt wird: »Ihr Heiligen, lobsinget dem Herrn: danket und preiset seine Heiligkeit. Singet fröhlich Gott, der unsere Stärke ist«.*

### *Antwort und Verantwortung*

*Gott nimmt den in Zucht, den er begnadet. Der Anspruch Gottes ist eben nicht bloße Anrede, sondern Anspruch. Und die menschliche Antwort auf solchen Auftrag und Anspruch wird: von Gottes Ruf und Berufung erzwungene, gedrungene, aber auch bereits als wirkende Kraft geschenkte Ver-Antwortung.* Wundert uns noch die nüchtern strenge, todernste Haltung in Kleppers Leben und Schreiben und trotz allen Irrungen und Wirrungen der Durchbruch zum großen Gotteslob?

Das biblische Wort bindet, aber es öffnet gerade so die Schleusen zum eigenen Schaffen: *Dann ist das Wort der Heiligen Schrift zum inneren und äußeren Maßstab der Dichtung geworden. Die freie Schöpferkraft beugt sich vor der Unüberbietbarkeit biblischen Gehaltes und biblischen Ausdrucks. Die höchste, letzte, tiefste Aussage wird der Bibel selbst entnommen und bleibt ihr vorbehalten, so wie bei Bach Rezitative, Arien und Zwischenmusiken nur hinführen zum Choral; vom Subjektiven, Künstlerischen zum Objektiven, Kirchlichen ... Unfasslich ist die Fülle von Bibelworten, die als geschlossene Zeile ins Lied übernommen und zum Ausgangspunkt eines geistlichen Liedes werden können. Ist's nicht der Anfang eines Morgenliedes, wenn es bei Jesaja heißt: »Er weckt mich alle Morgen; er weckt mir das Ohr –«? Liegt nicht im neunten Verse des von Luther so geliebten 4. Psalmes: »Ich liege und schlafe ganz mit Frieden; denn allein du, Herr, hilfst mir, dass ich sicher wohne« ein Abendlied umschlossen, das dichterischer Zutat nicht bedarf? ... Ist nicht ein Lied zur Jahreswende, was wir bei Jesaja lesen: »Ja, ich will euch tragen bis ins Alter und bis ihr grau werdet«? Vermag nicht der 102. Psalm »Du aber bleibst, wie du bist, und deine Jahre nehmen kein Ende« zur Strophe eines Neujahrsliedes zu werden?*

### *Das Buch des Lebens. Das ewige Wort*

*... Wie dieses Wort nun Gehalt und Gestalt, Inhalt und Form, Wert und Maß jedes Werkes im Wort und am Worte bestimmt, hat wiederum die Schrift festgelegt. Auch die Dichtung verpflichtet sie damit zur klaren Verkündigung und zu der Nüchternheit, der allein das Wunder sich erschließt; das Wunder, welches irgendein menschliches Hinzutun nicht erträgt ... Zu ihrer Erfüllung wird die Dichtung letztlich nur als biblische Exegese gelangen: Als Textauslegung mit den Mitteln der Dichtung, im ständigen Gemessen-, Gewogen- und Befundenwerden vom Worte Gottes her, das auch die kleinste Strophe einfordert.* Gemeint ist gewiss nicht ein Nachplappern oder Nachschreiben des Wortes, traditionell und museal von gestern, sondern ein Umschreiben, heute verstehbar, geläutert zum Einfachen und Wesentlichen, gefeit gegen die Unehrlichkeit des Geschwätzes und gegen die Inflation des Wortes.

### *Das göttliche Geheimnis*

*Wenn nun das Amt des Wortes von solcher Ausschließlichkeit, Härte und Nüchternheit, von derartiger Strenge der Bindungen und Verpflichtungen ist – bleibt denn da der Dichtung noch jenes Schimmernde, Leuchtende, Geheimnisvolle, das doch ihres Wesens sein muss? Wird denn die Dichtung bei solcher Inanspruchnahme durch die Norm des göttlichen Wortes schließlich nicht völlig überflüssig gemacht durch die Realität der Offenbarung? ... Denn, wahrhaftig, geheimnisvoll ist Gott und mit Geheimnis muss er jede Aussage, die wir über ihn machen, durchströmen: geheimnisvoll ist der Gott, der durch Stern und Krippe, Kreuz und Taube, durch den Kelch und das Brot des Abendmahls, den Stein vor dem Felsengrab und die Wolke der Himmelfahrt in Bildern zu uns redet, deren geheimnisvolles, wirkliches Wesen »von der Welt her verschwiegen gewesen ist«. – Die Sprache dieser Bilder und Zeichen, die alle Predigt mit Dichtung durchströmen und Dichtung mit Verkündigung seiner Wahrheit erfüllen, ist Gottes unbegreiflicher Wille, den wir im Wort der Dichtung nur verehren dürfen ...*

*Die Gleichnisse Jesu Christi*

*In den Gleichnissen Jesu ist die völlige Einswerdung, die letzte Erfüllung von Verkündigung des Gotteswortes und deutender und darstellender Dichtung vollzogen: in den Gleichnissen aus dem Munde dessen, der das fleischgewordene ewige Wort ist!*

*Die große Kunst*

*Gewaltig ist die Macht, die dem Evangelium und seiner Verkündigung innewohnt ...* Dies gilt bei aller Unzulänglichkeit und Brüchigkeit des menschlichen Tuns: *Erst wo menschliche Schaffenslust vor diesen Begrenzungen und Einsichten steht und ihrer froh wird, weil ein Größerer zu reden anhebt, bricht Gottes Schöpferkraft im menschlichen Worte hervor. Wo aber der Mensch im Dienste am Wort dies nicht mehr begreift; wo die zu Predigt und dichterischer Verkündigung Berufenen »versagen« oder verstummen, entrinnen oder erliegen, das »Amt des Wortes« verweigern oder verleugnen, verlassen, verfälschen oder verlieren, da ist das Wort Gottes längst noch nicht am Ende. Denn Christus, der das Wort ist, sagt: »Wo diese werden schweigen, so werden die Steine schreien«.*

*

Die Probe aufs Exempel für diese konsequente Bibeltheologie in Versen, für diese Verkündigung in Poesie, ist das knappe Kompendium von Kleppers letztlich 29 Kirchenliedern mit dem Titel KYRIE. Wenn nicht alles täuscht, werden sie es sein, mehr als seine Romane, Abhandlungen und Tagebücher, die den Namen Klepper wachhalten. Diese bibel-durchtränkten, theologie-gesättigten Zeilen, durchsichtig geschliffen wie Edelsteine, übersichtlich aneinandergereiht ohne Verwicklungen, durch und durch Gebet und Zeugnis – diese Lieder hat die gläubige Gemeinde als ein ihr gemäßes Wort verstanden, nach dem Motto des Büchleins: *Es liegt daran, dass der Haufe Gottes oder Gottes Volk ein Wort oder Lied annehme oder für unrecht erkenne. St. Ambrosius hat viel schöner Hymnen gemacht, heißen Kirchengesang darum, dass sie die Kirche angenommen hat und braucht, als hätte sie dieselben gemacht und wären ihre Lieder (Martin Luther).*

Die Thematik und in großen Zügen auch die Anordnung entsprechen dem gewohnten Horizont unserer Gesangbücher, vom Verfasser ganz bewusst so angelegt und ausgestaltet. Das Büchlein KYRIE beginnt mit Liedern zum *Tageskreis.*

## *(I.) Tageskreis*

### *Der Morgen*

*Ambrosianischer Morgengesang* **Schon bricht des Tages Glanz hervor** (im Evangelischen Gesangbuch von 1993 EG 453 mit der gregorianischen Melodie; 5. Juli 1939). Klepper überträgt den lateinischen Hymnus Iam lucis orto sidere aus dem 5./6. Jahrhundert, der regelmäßig bei den Laudes, dem Morgengebet der klösterlichen Gemeinschaften gesungen wurde, und er tut es respektvoll gegenüber dem vorgegebenen Wort im strengen Hymnenmaß der vier Verszeilen und zugleich ehrfürchtig gegenüber der deutschen Sprache: Zurüstung zu einer zuchtvollen, fast asketisch strengen Prägung des Charakters, damit das Tagewerk zu Gottes Lob und Ehre gelinge. Eine trinitarisch-doxologische Strophe rundet das kurze Lied ab.

Ganz anderer Art ist das *Morgenlied* **Er weckt mich alle Morgen** (EG 452 mit der originalen Melodie von Rudolf Zöbeley 1941 – bitte nachlesen; 12. April 1938, Jesaja 50,4f.7f.). Der Dichter beginnt den Tag mit der aufgeschlagenen Bibel, im Leben wie in der Arbeit. Im Wort der Bibel vernimmt er die Stimme Gottes; das Wort lässt ihn nicht mehr los, und wie von selbst formt es sich zur Anfangszeile eines Liedes. Das Ohr wird zum wichtigsten Sinnesorgan und das aufmerksame Lauschen zur entscheidenden Tätigkeit der Jünger in der Nachfolge Jesu; erst dem Horchen folgt das Gehorchen (Str. 1). Ein lebenschaffendes Wort: So ruft Gott die Welt ins Dasein und hält seiner Schöpfung die Treue (Str. 2). Und mehr noch, ein befreiendes Wort: So spricht Gott den Sünder von Gottferne, Schuld und Angst los (Str. 4) und umhüllt ihn mit seiner Liebe und seinem Licht (Str. 5). Die große Entdeckung in der aufgeschlagenen Bibel: ... *in seinem Wort mein Glück* (Str. 3).

### *Der Mittag*

*Mittagslied* **Der Tag ist seiner Höhe nah** (EG 457 mit der originalen Melodie von Fritz Werner 1938 – bitte nachlesen; 4./5. Juni 1938, 5. Mose 8,2–5.8.10.12). Lieder zu dieser Tageszeit sind selten in der Liedgeschichte, und niemand hat die Symbole von Höhe, Gebet, täglichem Brot und Segen in so beziehungsreiche Verse gefasst wie Jochen Klepper. Welch eine Wohltat, auf der Höhe des Tages innezuhalten, aus Hektik und Stress, aus Sorge und Angst zum Höchsten aufzublicken! Und die Melodie zeichnet diese Blickrichtung tonmalerisch nach. Damit bekommt das Tischgebet vor der Mahlzeit einen tieferen Sinn: *Komm, Herr Jesu, sei du unser Gast / und segne, was du uns bescheret hast. Amen* (EG 465 als Kanon). Gott selbst will kommen, um Gast zu sein und seine Gaben zu segnen (Str. 1–3). Und dann weitet sich der Segen, d.h. Stärkung und Gedeihen, auf alle Lebensbereiche aus. Es ist höchst seltsam, dass Klepper diesen Gedanken in der längst vergangenen bäuerlichen Lebenswelt ausführt; doch er bleibt damit seinem ausgewählten Bibelwort in der alten Luther-Übersetzung treu und mutet uns beim Lesen und Singen die Übertragung auf unsere Lebensverhältnisse zu: Segen als Freundlichkeit Gottes in unserem Umfeld und im eigenen Haus (Str. 4–5); Segen als gnädiges Geschehen in der Natur (Str. 6); Segen als Führung im Kommen und Gehen der Menschen (Str. 7), auch wenn wir es nicht verstehen (Str. 8); Segen als Hoffnung auf Gottes ewiges Reich (Str. 9), selbst wenn wir schuldig werden (Str. 10). Von diesem umfassenden Segensgeschehen fällt noch einmal ein besonderes Licht auf das Gebet: Ruhe vor der Tat, Stille vor einem gelingenden Tagewerk:

Die Hände, die zum Beten ruhn,
die macht er stark zur Tat.
Und was der Beter Hände tun,
geschieht nach seinem Rat.

(Str. 11)

*Der Abend*

*Abendlied* **Ich liege, Herr, in deiner Hut** (EG 486 mit der originalen Melodie von Fritz Werner 1938, im katholischen Gotteslob von 2013 GL 99 – bitte nachlesen; 7. Mai 1938, Psalm 4,9). Das Abendlied, mehrfach im Lebenslauf angeklungen, hat wohl die Leser und den Autor selbst am meisten berührt: ein intim persönliches Ich-Lied, durch und durch Gebet als Zwiesprache mit dem göttlichen Du; ganz erfüllt von gläubigem Vertrauen auf Gottes Nähe und stilisiert im Wortklang eines Paul Gerhardt – das wirkt so überzeugend auf das Denken und so ergreifend auf die Seele. Zuerst einmal spricht Klepper gemäß seines Grundsatzes das Psalmwort umschreibend nach: *Ich liege und schlafe ganz mit Frieden* (Str. 1); *denn allein du, Herr, hilfst mir* (Str. 2), *dass ich sicher wohne* (Str. 3). Dann beginnt der Dichter das Schriftwort zu meditieren und in seine Lebenserfahrungen zu integrieren: Das Erschauern vor den künftigen Schicksalsschlägen verscheucht er durch die Rückschau auf erfahrene Durchhilfe, ein einziger großer Satz als Doppelstrophe im Augenblick des Stillestehens (Str. 4.5). Im Ganzen spiegelt der Aufbau des Liedes eine wohlausgewogene symmetrische Form, die nun wie eine Spirale ins innerste Zentrum führt: Kindlich demütig wird der geheimnisvolle Wille des himmlischen Vaters anerkannt (Str. 6). Wieder eine Doppelstrophe, die die Glaubenserfahrungen mit der Treue Gottes auf alle zukünftigen inneren und äußeren Nächte bezieht (Str. 7.8). Und daraus erwächst eine alle Sorgen überwindende Geborgenheit (Str. 9–11). Der Dichter hat sich das Psalmwort zu eigen gemacht: ... *ganz mit Frieden!*

Wie bei den Morgenliedern schreibt Klepper später auch zum Abend ein zweites Lied: *Trostlied am Abend* **In jeder Nacht, die mich bedroht** (24. Juli 1939, Jeremia 15,16). Noch enger werden hier die Grunderfahrungen von menschlicher Not und göttlicher Hilfe aufeinander bezogen: *Hat banger Zweifel mich gequält, / hast du die Wahrheit nie entzogen* (Str. 2) – *Hat schwere Sorge mich bedrängt, / ward deine Treue mir verheißen* (Str. 3) – *Hat meine Sünde mich verklagt, / hast du den Freispruch schon verkündet* (Str. 4). Und das Lied endet mit einer wunderbaren Strophe in völliger Hingabe an das Wort des gnädigen Gottes:

In jeder Nacht, die mich umfängt,
darf ich in deine Arme fallen,
und du, der nichts als Liebe denkt,
wachst über mir, wachst über allen.
Du birgst mich in der Finsternis.
Dein Wort bleibt noch im Tod gewiss.
(Str. 5)

## *(II.) Jahreskreis*

Der Zyklus zum Kirchenjahr ist im Büchlein KYRIE vollständig durchgeführt; das scheint von Anfang an Kleppers stille Absicht und gestellte Aufgabe gewesen zu sein. Hier klingen Leben und Dichtung zusammen: In seinem familiären Lebensrhythmus spielen die Hauptfeste als Haftpunkte des Heils eine dominierende Rolle. Klepper feiert sie mit einem rituellen Ambiente, das manchmal seltsam skurril den grauen Alltag sprengt und wie eine Insel der Idylle im tosenden Weltmeer erscheint. Und er notiert einmal im Tagebuch: *Das halte ich für das Größte, das auf Erden heute noch in Erscheinung tritt: Die Darstellung des Lebens Christi in den Kirchenfesten jedes Jahres* (5. Dezember 1938). Vorangestellt ist der summierende Überblick *Das Kirchenjahr*, sein allererstes programmatisches Kirchenlied: **Du bist als Stern uns aufgegangen** (18. Juni 1935 – dort abgedruckt und erläutert; Sirach 47,8–10).

*Weihnachten*

Weihnachten ist – alle Jahre wieder – sechsfach bedacht: An der Krippe kommt dem Dichter die Dialektik von Finsternis der Völker und Morgenstern der Hoffnung, das Geheimnis von Verhüllung und Enthüllung Gottes, der Gegensatz von gefühlig-lärmender Familienfeier und leidensbereitem Glaubensmut besonders deutlich zum Bewusstsein. Die Weihnachtsreihe beginnt mit einem Zwiegespräch, das das Vorher und Nachher der Menschwerdung Gottes umschreibt, etwas schematisch zwar, aber umso eindrücklicher: *Weihnachtslied* **Wer warst du, Herr, vor dieser Nacht?** (23. Oktober 1940, Hebräer 1,1–3 und 1. Johannes 3,2) – der Erlöser in der Einheit Gottes, im Glanz der Herrlichkeit unter dem Lobgesang der Engel (Str. 1). Kontrapunktiert dann mit der Gegenstrophe: *Wer war ich, Herr, vor dieser Nacht?* – das Ich in der Gottesferne, in Verderben und Gericht, in Finsternis und Tod (Str. 2). Die Inkarnation bedeutet die entscheidende Zeitenwende: *Wer wardst du, Herr, in dieser Nacht? – ein Kind im armen Stall … ein Gefährte meiner Nacht* (Str. 3). Und wieder die Gegenstrophe: *Wer ward ich, Herr, in dieser Nacht? – In Gottes Sohn ward ich Sein Kind … Ich spüre nur den hellen Schein* (Str. 4). Der *selige Tausch*, wie Luther einmal diesen Wechsel nennt, ist vollzogen.

Ein zweites *Weihnachtslied* **Die Nacht ist vorgedrungen** (EG 16 mit der originalen Melodie von Johannes Petzold 1939, ebenso GL 220 – bitte nachlesen; 18. Dezember 1937, Römer 13,11f.). Es ist wohl das bekannteste Lied Kleppers, das mit Text und Me lodie in die bald nach dem Krieg erarbeiteten Kirchengesangbücher Eingang gefunden hat. Seine Beliebtheit verdankt es vor allem den vielen Anklängen an Bibelworte – Kleppers erklärte Absicht – und an vertraute Liedstrophen, der Nähe zu konventioneller Sprachgestalt in Wortwiederholungen und Stabreimen, in Strophenformen und Melodieformeln. Das Lied klingt ungekünstelt und doch prägnant; es ist gesättigt mit persönlichem Erleben und Erleiden und damit anregend für die Glaubenserfahrungen vieler heutiger Christen. Dieses Weihnachtslied lebt aus der existentiellen Polarität von Dunkel und Licht. Nacht und mehr als Nacht: Angst und Pein, Bedrängnis und Anfechtung, die schicksalsschwere Verlorenheit in *Menschenleid und -schuld* (Str. 4). Licht: nicht die strahlende Weihnachtssonne, sondern das unscheinbare Leuchten des Morgensterns, und so gerade das Symbol für Jesus Christus, der von sich sagt: *Ich bin der helle Morgenstern* (Offenbarung 22,16). Durch Christus ist die Polarität in Richtung auf das Licht entschieden. Geheimnis und Wunder zugleich: Der verborgene, unbegreifliche Gott offenbart sich als Kind in der Krippe, und damit sind die Schuldigen begnadigt, die Sünder als Gotteskinder angenommen, die Weinenden zum Lobpreis befreit. Wenn das Lied als Adventslied verstanden wird, endet es nicht im Jubel und Trubel der Weihnachtszeit. Die Nacht bleibt weiterhin präsent, doch der Weiterweg der Glaubenden steht unter einem guten Stern, bis Gottes Herrlichkeit in vollem Licht offenbar wird.

Es folgt ein drittes *Weihnachtslied* **Sieh nicht an, was du selber bist** (17. Dezember 1937, Sacharja 9,9 und dazu ein Lutherwort aus der Weihnachtspredigt vom 25. Dezember 1528). Wegsehen von der Befindlichkeit der eigenen Person und … *aufsehen zu Jesus, dem Anfänger und Vollender des Glaubens* (Hebräer 12,2), dies könnte die hilfreiche Blickrichtung für uns fragende, suchende oder verzweifelte Menschen sein. Dann erkennen wir das göttliche Wunder: *Sieh an, was dir heut widerfährt, / heut, da dein Heiland eingekehrt, / dich wieder heimzubringen / auf adlerstarken Schwingen*

(Str. 1). Und am Ende wird es heißen, was für Kleppers Leben und Dichten so typisch ist: *Nicht klagen sollst du: loben!* (Str. 5).

Das *Weihnachts-Kyrie* **Du Kind, zu dieser heilgen Zeit** (EG 50, GL 254 mit der originalen Melodie von Friedrich Samuel Rothenberg 1939; 20. Dezember 1937, Lukas 2,7) klingt fast wie ein Passionslied; vor die Krippe stellt sich ein riesengroßes Kreuz, das das göttliche Krippenkind für unsere Schuld erleidet. Strophe um Strophe wird die weihnachtliche Feierwelt als fragwürdig und gedankenlos entlarvt; als angemessene Reaktion kann nur die klagende Bitte gelten: *Kyrie eleison* – Herr, erbarme dich! Wenn einmal von Gott die volle Erlösung herbeigeführt ist, wird sich der Refrain ändern: ... *dann erst ist ohne Bitterkeit / das Herz uns zum Gesange weit! / Hosianna* – Gelobt sei, der da kommt! (Str. 5). Ein weiteres Weihnachtslied: *Abendmahlslied zu Weihnachten* **Mein Gott, dein hohes Fest des Lichtes** (28. November 1936 – dort ganz zitiert, Lukas 2,8–11), das sich Klepper zum Trost in voller Länge ins Tagebuch schreibt. Zuletzt ein *Weihnachtslied im Kriege* **Nun ruht doch alle Welt** (15. Oktober 1939, Jesaja 14,7f.).

*Jahreswende*

Der Wechsel vom alten zum neuen Jahr ist ein Moment des Stillestehens, ein Janus-Gesicht mit dem Blick zurück auf alles Erleben und Erleiden und mit dem Blick nach vorn in gläubiger und hoffnungsvoller Erwartung. Klepper bedenkt diese Schwellensituation mit drei Liedern. Zuerst das *Silvesterlied* **Ja, ich will euch tragen** (EG 380 mit Melodie und Originalsatz von Friedrich Samuel Rothenberg 1939 – bitte nachlesen; 19. Juni 1938, Jesaja 46,4 und 5. Mose 32,7). Auf der Schwelle zwischen den Jahren beginnt ein tröstliches Gotteswort zu sprechen, das Klepper ohne Kennzeichnung als Gottesrede nach der alten Luther-Übersetzung an den Anfang setzt; und das pointierte *Ja* gibt den kurzen schlichten Zeilen Versmaß, Rhythmus und Kreuzreim vor (Str. 1). Die menschliche Reaktion auf Gottes Verheißung kann nur tiefgläubiges Vertrauen sein, das sich wie ein Kind tragen und schützen lässt (Str. 2–4). Die Tragfähigkeit des Gotteswortes hat sich schon bei den Urvätern der biblischen Geschichte, etwa bei der Wüstenwanderung ins Gelobte Land bewährt (Str. 5); ebenso im eigenen Erleben, wenn wir nicht auf Leiden und Versagen blicken, sondern uns der wunderbaren Spuren Gottes erinnern (Str. 6). Und bei dieser Blickrichtung soll es bleiben (Str. 7).

Klepper trifft immer wieder auf Bibelworte im Alten Testament, die die Gedanken von einer leidvollen Vergangenheit auf eine in Gott begründete Hoffnung für die Zukunft lenken: *Zur Jahreswende* **Zuflucht ist bei dem alten Gott** (15. Oktober 1939, 5. Mose 33,27):

**Zuflucht ist bei dem alten Gott**
und unter den ewigen Armen,
die dich erschaffen, erhalten, geführt,
auch wo dein Herz es nicht dankbar gespürt.
Was soll noch Sorge, Zweifel, gar Spott?
Gott will sich deiner erbarmen.
Gott hat dich erkürt.
(Str. 1)

Gottes Arme sind Halt und Rast.
Sie möchten dich liebend umfangen.
Was dich auch ängste, sie bleiben dein Hort.
Was dich auch binde, sie tragen dich fort.
Und hat die Welt dich bitter gehasst –
Gott lässt dich Frieden erlangen.
Gott gab dir sein Wort.
(Str. 4)

Zuletzt das gewichtige *Neujahrslied* **Der du die Zeit in Händen hast** (EG 64, GL 257 – bitte nachlesen; 20. Oktober 1937,

Psalm 102,24–28 und weitere Bibelstellen). In diesem Lied ist wie in keinem anderen so deutlich die zeitgeschichtliche Dimension zu erkennen: Im März 1937 wird Klepper aus der Reichsschrifttumskammer ausgeschlossen und damit künstlerisch mundtot gemacht. Nach vielen Anträgen wird ihm eine *jederzeit widerrufliche Sondergenehmigung* zugestanden, wobei er alle schriftstellerischen Arbeiten der Zensur vorlegen muss. Zu den drei daraufhin eingereichten Texten gehört auch das Neujahrslied; man spürt noch Kleppers Erschöpfung und Niedergeschlagenheit in dieser Zeit, wenn die Schlusszeilen dieses Liedes in der ursprünglichen Version so lauten: *Lass – sind die Tage auch verkürzt, / wie wenn ein Stein in Tiefen stürzt – / uns dir nur nicht entgleiten!* Für das KYRIE-Büchlein 1938 mildert er diese Zeilen zur heute gebräuchlichen Fassung: *Bleib du uns gnädig zugewandt / und führe uns an deiner Hand, / damit wir sicher schreiten.* Nach bangen Wochen des Wartens erfolgt am 18. November 1937 die Ablehnung mit folgender Begründung: *Gegen die Frömmigkeit dieses lyrischen Dichters soll gewiss nichts gesagt werden, aber das heutige Deutschland darf bestimmt ein Neujahrslied in einem anderen, positiveren Ton erwarten, der es nicht nötig hat, auf die knechtische Einstellung der Psalmen zurückzugreifen* (zitiert bei Martin Wecht). Als Klepper am 12. Dezember in einem letzten Versuch einen Bittbrief an den Propagandaminister Goebbels schreibt, erfolgt am 27. Dezember die Druckerlaubnis ohne Kommentar. Daraufhin wird das Neujahrslied nicht etwa in einer christlichen Zeitschrift, sondern in der Neujahrsausgabe 1938 der Berliner Deutschen Allgemeinen Zeitung gedruckt; ganz hinten auf Seite sieben, während auf der Titelseite der Neujahrsaufruf des Führers glänzt – größer könnte der Kontrast nicht sein; aber immerhin: die leise Stimme des Evangeliums inmitten des Getöses der Nazi-Propaganda!

Für die heutige Christenheit ist die geistliche Dimension wichtig: die Erkenntnis und das Bekenntnis zu Jesus Christus als der Mitte der Zeit, der Anfang und Ende, Endlichkeit und Ewigkeit umspannt und gestaltet. Der Blick zurück klagt deshalb nicht über eine böse Welt mit ihren Gräueln und Ängsten, sondern erkennt die aus Gnade durchgestrichene schuldhafte Vergangenheit. Der Blick nach vorn verkennt nicht die Vergänglichkeit und Vergeblichkeit allen menschlichen Tuns, ist sich aber dennoch der Treue Gottes bewusst, die uns sicher im Flug unserer Zeiten zu seinem Ziel der Geschichte führt. Eine im Glauben annehmbare Gegenwart: leidend loben und lobend leiden – das sagen uns die unvergänglich tröstenden Verse dieses Dichters.

*Passion – Ostern – Himmelfahrt Christi*

Paulinisch-lutherische Kreuzestheologie, in Kleppers Liedern ist sie überall präsent: das Kreuz hinter Jesu Krippe, das Kreuz im eigenen inneren und äußeren Erleiden, das Kreuz als Lebensbaum einer neuen Schöpfung. Im *Gründonnerstags-Kyrie* **Heut bin ich meines Heilands Gast** (14./15. April 1938, 1. Korinther 11,26 und Psalm 116,13) bedenkt der Dichter die Ereignisse am letzten Tag vor Jesu Kreuzigung: vor allem das Passahmahl als Einladung zum Abendmahl der weltweiten Christenheit, Fußwaschung, im Garten Gethsemane, Verrat und Gefangennahme. Erst wenn wir das Freudenmahl der Endzeit feiern, ist wie im Weihnachts-Kyrie das *Kyrie eleison!* in ein *Hosianna!* verwandelt:

**Heut bin ich meines Heilands Gast**
zu Brot und Wein und Osterlamm.
Im Garten draußen bricht ein Ast.
Fällt einer schon des Kreuzes Stamm?
Kyrie eleison!
(Str. 1)

Er kommt, er kommt, des sei gewiss,
zu seiner Jünger Freudenmahl.

Am Ende aller Finsternis
grünt ewig auch des Kreuzes Pfahl!
Hosianna!
(Str. 10)

Das *Osterlied* **Siehe, das ist Gottes Lamm** (31. Januar 1940, Offenbarung 5,12f.) und das *Himmelfahrtslied* **Gott fährt mit Jauchzen auf** (6. Mai 1940, Psalm 47,6f.) haben sich nicht weiter verbreitet. Für dieses kirchenjahrszeitliche Gedenken sind die Rubriken der Gesangbücher mit aussagekräftigen Liedern reich bestückt.

*Pfingsten*

Ähnlich unbekannt geblieben ist das *Pfingstlied* **Komm, heilige Taube** (20. April 1938, Lukas 3,22 und Apostelgeschichte 2,2–4). Das ist sehr zu bedauern, denn hier sind Wirkungsweisen und Gaben des Heiligen Geistes in ungewöhnlichen Bildern und biblischen Bezügen dargestellt:

**Komm, heilige Taube**, / die uns das Ölblatt bringt.
Künde, dass Glaube / jedwede Kluft durchdringt.
Nun ist die Ferne / in deinem Flug besiegt.
Erde und Sterne / sind heut in Eins gefügt.
(Str. 1)

Komm, heilige Taube, / die aus dem Himmel schwebt,
uns aus dem Staube / hoch zu den Wolken hebt.
Breite die Schwingen / über uns. Adlergleich
wirst du uns bringen / heim in Sein Vaterreich!
(Str. 6)

*Gedenktage*

In die festlose Hälfte des Kirchenjahrs fallen einige Tage des speziellen Gedenkens. Bei Klepper fehlt ein Lied zum Erntedankfest, aber dazu hatte er früher schon seine Gedanken zum täglichen Brot in das Mittagslied eingebracht. Im *Reformationslied* **Singt Gott, lobsinget seinem Namen!** (3. Juli 1938, Psalm 68 in ausgewählten Versen – zitiert im Vorspann dieses Büchleins) erinnert der Dichter an das neu entdeckte Wort des frohmachenden Evangeliums, das nun von allen Kanzeln und Altären verkündigt wird und auf Märkten und Straßen, in Schulen und Häusern ein vielstimmiges Echo findet. Das ist Grund genug zum Singen und Sagen, Loben und Danken. Das *Bußtagslied* **Wir taten Unrecht, fielen tief** (13. Mai 1940, Dan 9 in ausgewählten Versen) weitet in seiner Dreiteiligkeit das Sündenbekenntnis in der Eingangsliturgie des Gottesdienstes aus: *Herr – Christe – Herr, erbarme dich unser!*

*Tod und Ewigkeit*

Zum Ende des Kirchenjahrs sind es als letztem Schwerpunkt wieder drei Lieder: *Am letzten Sonntag des Kirchenjahrs* **Mein Gott, ich will von hinnen gehen** (12. November 1937, Offenbarung 21 und 22 in ausgewählten Versen). Die Zeit vergeht, Gottes Ewigkeit bricht an und erwartet die von Gott geliebten Menschen:

**Mein Gott, ich will von hinnen gehen**,
der Erdentag wird mir zu lang,
die Tore deiner Stadt zu sehen,
zu hören himmlischen Gesang.
Vor deinem Angesicht zu stehn,
das ist's allein, was ich ersehn'.
(Str. 1)

Erlöschen mögen Mond und Sonnen.
Dein Glanz herrscht in ihr immerdar.
Das Ziel war da, eh wir begonnen.
Die Worte sind gewiss und wahr.
Wir suchten nicht: Du bist's, der sucht
und heimruft, die wir dir geflucht.
(Str. 8)

*Trostlied am Totensonntag* **Nun sich das Herz von allem löste** (EG 532, GL 509; 29. August 1940 – dort ganz zitiert; Psalm 109,21). Das wohl persönlichste Lied Kleppers, das er seiner Stieftochter Renate am Tag der Ankündigung der Zwangsarbeit oder wahrscheinlichen Deportation widmet und am Abend unter der Überschrift *Meinem Kinde* in sein Tagebuch schreibt. Nun werden diese Verse als Trostlied am Totensonntag in das KYRIE-Büchlein eingeordnet und damit der singenden Gemeinde anvertraut. Alle inneren und äußeren Kämpfe dringen nicht mehr in die Liedzeilen ein, das Herz hat sich vom Glück gelöst und mit der schweren Last abgefunden. Das Nun dieser Überwindung wird zum Ausgangspunkt für ein Bitten, das nur noch geistliche Gaben erstrebt, nämlich Trost durch die Geborgenheit in Gott. Angesprochen ist in den drei Strophen die göttliche Trinität, beginnend mit dem Heiligen Geist als Tröster, weitergeführt mit Jesus Christus als dem Heiland, der die Wunden verbindet, endend mit Gott Vater, der mit seiner Nähe die Beter stützt und hält. Damit ist in vertrauendem Glauben die Klage in das Lob gewandelt: unerklärliche Geborgenheit in Gottes liebendem Herzen. Zuletzt noch *Der Herr ist nah* **Die Menschenjahre dieser Erde** (8. Juli 1935, 2. Mose 3,3).

In einem letzten Abschnitt des Büchleins KYRIE meditiert Klepper korrespondierend zum Eingangsteil den *Lebenskreis* eines Menschen, die natürlich-kreatürlichen Wendepunkte, die Schwellensituationen, die einen geistlichen Zuspruch verlangen.

### *(III.) Lebenskreis*

#### *Geburtstag*

*Geburtstagslied* **Gott wohnt in einem Lichte** (EG 379, GL 429 – bitte nachlesen; 10. Juli 1938, 1. Timotheus 6,15f., Apostelgeschichte 17,27f. und Lukas 12,7). Ein seltsam ernstes Geburtstagslied, verstärkt noch durch die Zuweisung der düster wirkenden dorischen Melodie aus dem Genfer Psalter der frühen

Reformationszeit. Hier ist nicht viel von dankbaren Lebensgefühlen zu spüren, umso mehr von gewaltigen Bewegungen in Gott, im ganzen Kosmos und in der Völkerwelt. In Kleppers Liedern geht es immer um den Dialog mit der Bibel mit Blick auf die persönliche Existenz; hier genauer um das Paradox von Ferne und Nähe: der verborgene Gott in unnahbarer Hoheit (Str. 1), und doch will er seine Geschöpfe in unbegreiflicher Zuneigung nicht missen (Str. 2). Gott lässt seine Aura hinter sich und naht sich den Menschen als Mensch. So ist die Sünde der Gottferne getilgt, die Schuld vergeben; selbst die Elendsten sind angenommen und *alles wird zunichte, was dir so bange macht* (Str. 4). Könnte diese tröstliche Zusage, im kindlichen Vertrauen angenommen, nicht doch das wahre Geburtstagsgeschenk sein?

*Taufe und Konfirmation*

Das *Tauflied* **Gott Vater, du hast deinen Namen** (EG 208 mit der originalen Melodie von Johannes Petzold 1948; verfasst um 1940, Johannes 12,28 und 17,11) ist wohl eine späte Ausführung einer kirchenamtlichen Anfrage, die Klepper um Lieder für ein künftiges Kirchengesangbuch bittet, insbesondere um Tauf- und Trauungslieder. Doch Klepper selbst pflegt sorgsam sein Taufgedenken und vermerkt es in seinem Tagebuch, manchmal sogar mit seinem Taufspruch (so am 26. April 1939): *Fürchte dich nicht, denn ich habe dich erlöst; ich habe dich bei deinem Namen gerufen; du bist mein* (Jesaja 43,1). Taufe und Namensgebung sind für Klepper eng verbunden, und so ist schnell die tiefgründig symbolische Metapher für ein Tauflied gefunden: der Name. In den drei kurzen Bittstrophen spielt der Dichter dieses Stichwort vielfach verschlungen und trinitarisch betont in allen möglichen Kombinationen durch. Das *Konfirmationslied* **Bewahre und halte nun Glauben** (verfasst um 1940, 1. Timotheus 6,12).

*Hochzeit*

Das *Hochzeitslied* **Freuet euch im Herren allewege!** (EG 239; 29. Februar 1940, Philipper 4,4–7) ist wohl wiederum ein später Reflex auf die Bitte um Tauf- und Trauungslieder. Für den Dichter hat das Lied eine tiefere Bedeutung: die Erinnerung an den 4. Advent 1938, als Hanni Klepper christlich getauft und das Ehepaar Klepper kirchlich getraut wurde unter diesem Bibelwort, der Epistellesung jenes Sonntags. Und so ist in diesem Lied in besonders dichter Verknüpfung das Bibelwort mit all seinen Themen und Stichworten präsent: Freuet euch (Str. 1) – eure Lindigkeit = Güte lasst kund sein allen Menschen (Str. 2) – sorget nichts (Str. 3) – der Friede Gottes (Str. 4) – und der endzeitliche Ausblick: Der Herr ist nahe! (Str. 5). Das Wort der Bibel wird meditiert und paraphrasiert und auf den Kasus der Zweisamkeit bezogen: Gott ist es, *der Hand in Hand zum Bund* legt, und *wo in Gott der Mensch zum Menschen findet, / ist der Segen stets noch eingekehrt* (Str. 1). Das ist eine gewaltige Hochzeitspredigt, zum Singen bei der Feier aber eher überfrachtet.

*Nationale Feiertage*

Dem letzten Lied im Lebenskreis gibt Klepper die Überschrift *Abendmahl der Männer* **So will ich, dass die Männer wieder beten** (9. April 1938, 1. Timotheus 2,8). Das ist sein Beitrag zum Tag des Großdeutschen Reiches, der in Berlin mit gewaltigen Aufmärschen und lauttönenden Propagandareden begangen wird, ein stilles Gegenbild des Glaubens: beten und die Gemeinschaft im Abendmahl feiern! In die dritte Auflage 1941 ist noch ein Lied eingefügt, das in späteren Auflagen wieder ausgemustert wird: *Zum Heldengedenktag* **Wie fielen die Helden im Streit!** (verfasst zwischen 25. Dezember 1939 und 7. Januar 1940, 2. Samuel 1,19.27 und 1. Thessalonicher 4,13.16). Diese Auftragsarbeit für einen Steglitzer Pfarrer, dessen Sohn in Polen gefallen war, bereitet Klepper viel Mühe, und das fertige Lied in der Vertonung von Gerhard Schwarz wird von Kirchenmännern wie Otto Dibelius heftig kritisiert. Kam Klepper der gängigen Ideologie der Glorifizierung des Heldentodes im Krieg doch zu nahe?

Manche Liedforscher zählen drei weitere stilgleiche Kirchenlieder auf, die durchaus ins KYRIE hätten kommen können: *Johannes 15,3.* **Es ist geschehen, Gott, es ist von dir vollbracht** (29. Oktober 1937); *Christbaum-Lied* **Baum der Erkenntnis des Guten und Bösen** (24. Juli 1939), von Gerhard Schwarz vertont, aber Klepper meint dazu: *Ich will nun, um endlich zu einer Lösung zu kommen, deutlich unterscheiden zwischen Lesegedichten (»Kyrie«) und Liedern (»Der Verlorene Sohn«, »Christbaumlied«), die ohne die Vertonung überhaupt nicht veröffentlicht werden sollen* (27. Juli 1939). Und schließlich das *Trostlied am Morgen* **Wenn ihr stille bliebet** (1. August 1941), Kleppers letztes Gedicht überhaupt, das erst nach dem Erscheinen der dritten Auflage des KYRIE-Büchleins 1941 entstanden ist.

Das schmale Büchlein KYRIE mit seinen letztendlich 29 Liedern: Welche Thematik auch aufgegriffen wird, immer ist sie ausgerichtet auf die göttliche Rechtfertigung des Sünders aus Gnade und die menschliche Antwort im Glauben. Die dunklen, notvollen Seiten werden nicht unterdrückt, gewiss nicht, betont aber wird die rettende Wirkung des Heils. Der Titel ist mit Bedacht gewählt: Kyrie – der Schrei aus dem Abgrund der Not; aber der Schrei zu dem, der allein Kyrios – der Herr heißt. Diese Blickrichtung aus der menschlichen Tiefe zu dem erhöhten Erlöser macht wohl das Geheimnis von Kleppers Botschaft aus.

*

Der Lebensweg bis zum jähen Absturz ist rasch erzählt. Jochen Klepper hat es immer abgelehnt, sich vom Kriegsdienst zurückstellen zu lassen; er will sich nicht aus der *gottgewollten Gemeinschaft des Volkes* ausschließen. Am 3. Dezember 1940 wird er eingezogen und muss sich als Rekrut in Fürstenwalde an das Kasernenleben gewöhnen, bekommt aber einen unerwarteten Weihnachtsurlaub zugesprochen.

An die Stelle der Tagebuch-Einträge treten nun die Briefe an seine Frau in der Heimat, über 200 an der Zahl. Der Fronteinsatz danach bringt ihn als *Fahrer vom Sattel* nach Ostrolenka an der russischen Grenze, er tut die niedersten Dienste eines Pferdeknechts. *Ein Schriftsteller im Stall – eine ziemlich wüste Sache. Da haben wir bessere Verwendung!* meint sein schwerverwundeter Kompaniechef; jedoch Kleppers Lage ändert sich nicht. Im Frühjahr 1941 wird er zum Divisionsnachschub nach Masuren versetzt, bald darauf nach Rumänien. Endlose Fußmärsche durch den Balkan; jetzt wird er als Quartiermacher und Dolmetscher verwendet. Im April wird Klepper ein Sonderurlaub aus Anlass des Todes seiner Mutter genehmigt. Daheim sind viele Pastoren verhaftet, christliche Einrichtungen geschlossen, kirchliche Zeitschriften eingestellt. Nach der Rückkehr an die Front werden ihm Sonderaufträge zugeteilt: geistiger Betreuer der Soldaten, Chronist der Feldzugsgeschichte. Im Russlandkrieg wird Kleppers Truppe im Bus durch die Ukraine gekarrt. Regen und Schlamm, Bilder des Grauens, Bomben und Granaten, Gefallene und Flüchtlinge.

Am 22. September 1941 erreicht ihn die Nachricht vom Wehrmeldeamt, er sei unverzüglich als *wehrunwürdig* zu entlassen. Für Klepper bricht eine Welt zusammen, doch er ahnt den wahren Grund: Die nichtarische Mischehe gilt als Schandfleck für den als ehrenhaft verklärten deutschen Befreiungskampf. Er fühlt sich in seinem Selbstverständnis als patriotischer Deutscher zutiefst verletzt. Er wollte doch für Volk und Vaterland unter einer von Gott autorisierten Obrigkeit sein Leben einsetzen, wie er es in seinem Vater-Roman über den preußischen Soldatenkönig so wortreich beschrieben hatte, und das Buch war vielen seiner Kameraden und Offiziere bekannt. *Ein Stabsarzt bei der Cholera-Impfung: Klepper? – »Vater« geschrieben? – Gelesen!*, berichtet er Hanni in einem Brief. Er kann es einfach nicht fassen, dass er von der Nazi-Propaganda und ihrer Ideologie in seinen hochgesteckten Vorstellungen von Volk und Vaterland so schändlich getäuscht worden ist – eine tiefe Tragik! Eine zehnmonatige *Irrfahrt* ist nun zu Ende.

Am 8. Oktober 1941 kommt Klepper in Berlin an. Zuerst ist er mit Gängen zu den Ämtern beschäftigt; wie früher schreibt er seine Gedanken und Gefühle in sein Tagebuch. Erneut und noch intensiver bemüht er sich um eine Ausreisegenehmigung für die jüngere Tochter Renate, diesmal nach Schweden; die offiziellen Stellen lassen sich höchstens zu einer Art Schutzbrief bewegen. Das Leben ist unerträglich und die Katastrophe unentrinnbar geworden; düstere Wolken überdecken den ganzen Horizont. Klepper redet offener von Selbstmord und bespricht sich mit Frau und Tochter. Wohl holt er sich seine Katharina von Bora-Studien wieder zurück, die er im Tresor der Preußischen Bank gelagert hatte, und nimmt sich eine neue Lesekarte für die Staatsbibliothek; aber er ist unfähig, etwas zu gestalten. Der Vater-Roman ist noch immer ein Erfolgsrenner; der Führer verschenkt gern das Buch, und das ohnehin knappe Papier wird bis zum 105. Tausend bewilligt – eine unerhörte Bevorzugung! Klepper jedoch versinkt immer mehr in dunklen Träumen. Es belastet ihn bis zur Verzweiflung, dass während der Soldatenzeit und vor allem nach der Rückkehr von der Front die Kirchenlieder bei ihm verstummt sind: *Nun alle große Arbeit nicht mehr entstehen kann, werde ich wohl auch kein Gedicht, kein Kirchenlied mehr schreiben können; es geht von innen und von außen nicht mehr, obwohl die Liebe zu Gott sich nicht wandelt. Aber im Vertrauen und im Gehorsam und in der Hoffnung ist ein Bruch* (8. Dezember 1941). Und Tage danach, am 3. Advent: *Dieses harte Faktum steht fest: Lieder vermag ich nicht mehr zu schreiben, es sei denn das Klagelied des großen Sabbats. Liebe, Lob, Dank tragen also das Lied nicht: es ist nicht möglich ohne das Vertrauen. Und hier ist dem Widersacher gelungen, mich zu zerstören*

(14. Dezember 1941). Diese Gedanken nimmt er ins neue Jahr hinüber: *Seit 1937 war es aber wohl das erste Weihnachten oder Jahreswende, zu dem ich kein Lied schrieb. Den Weg zum Liede sehe ich überhaupt nicht mehr: Das Lied ist ohne die völlige Einwilligung in Gottes Willen nicht möglich …* (6. Januar 1942). Er verstummt endgültig.

## *1942 – Klepper wird 39 Jahre alt*

Juden müssen den gelben Stern tragen, ihre Wohnungen werden gekündigt und ihre Lebensmittelrationen gekürzt; öffentliche Verkehrsmittel dürfen sie nicht benutzen. Verwundete Soldaten im Straßenbild Berlins. Schreckensmeldungen aus Stalingrad. Nachrichten von Deportationen ins Konzentrationslager; die grausame Wahrheit ist an Nachbarn und Freunden abzulesen. Im Advent dieses Jahres 1942 bewilligt das schwedische Außenministerium die Einreise für Reni, aber darf sie auch ausreisen? Klepper bei Innenminister Frick: *… er will Renate aus Deutschland heraushelfen.* Und Hanni? *»Noch ist Ihre Frau durch die Ehe mit Ihnen geschützt. Aber es sind Bestrebungen im Gange, die die Zwangsscheidung durchsetzen sollen. Und das bedeutet nach der Scheidung gleich die Deportation des jüdischen Teils … Ich kann Ihre Frau nicht schützen. Ich kann keinen Juden schützen. Solche Dinge können sich ja der Sache nach nicht im geheimen abspielen. Sie kommen zu den Ohren des Führers, und dann gibt es einen Mordskrach!«* (8. Dezember 1942). Am Tag darauf ist Klepper in den Staatssicherheitsdienst zu Eichmann bestellt: *»Ich habe noch nicht mein endgültiges Ja gesagt«* (9. Dezember 1942). Am 10. Dezember wird die Ausreise für Reni definitiv abgelehnt. Alle Pläne für eine wie auch immer geartete Flucht sind zerschlagen. Dem Ehepaar Klepper droht unmittelbar die Zwangsscheidung – die eheliche Gemeinschaft ist doch von Gott geordnet und gesegnet! –, der jüdischen Ehefrau samt ihrer jüdischen Tochter droht die sofortige Deportation in ein

Konzentrationslager. Dann doch besser in die Hände des lebendigen Gottes fallen als in die Klauen dieser brutalen Unmenschen!

Die letzte Tagebuch-Eintragung am Abend des 10. Dezember 1942: *Nachmittags die Verhandlung auf dem Sicherheitsdienst. Wir sterben nun – ach, auch das steht bei Gott – Wir gehen heute Nacht gemeinsam in den Tod. Über uns steht in den letzten Stunden das Bild des Segnenden Christus, der um uns ringt. In dessen Anblick endet unser Leben.*

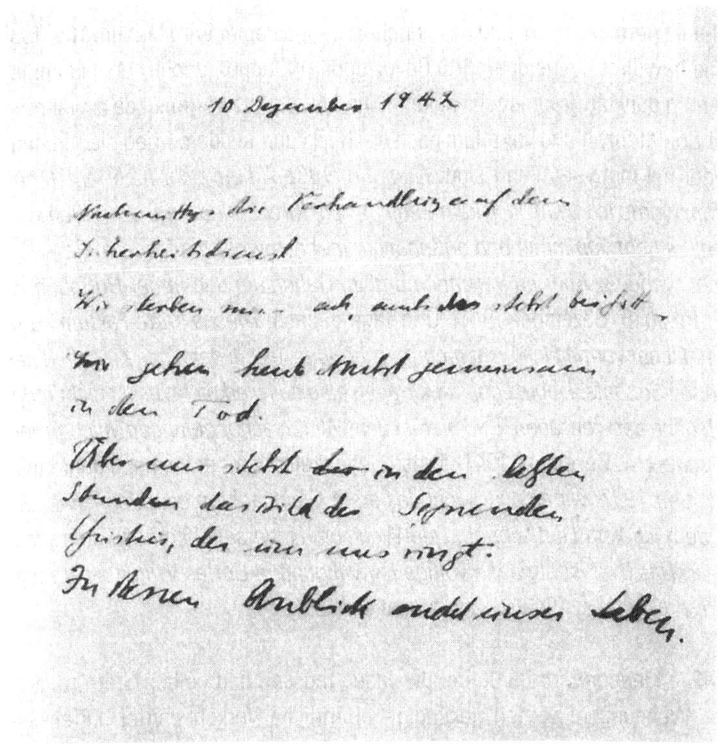

10 Dezember 1942

Nachmittags die Verhandlung auf dem
Sicherheitsdienst
Wir sterben nun – ach, auch das steht bei Gott –
Wir gehen heute Nacht gemeinsam
in den Tod.
Über uns steht in den letzten
Stunden das Bild des Segnenden
Christus, der um uns ringt.
In dessen Anblick endet unser Leben.

Letztes Blatt im Tagebuch Jochen Kleppers

Am nächsten Morgen, dem 11. Dezember 1942, findet die Hausgehilfin die drei Leichen; der Gashahn war geöffnet. Hitler soll über Eichmanns *ungeschicktes Verhalten* sehr aufgebracht gewesen sein. Die Bekanntgabe des Todes Kleppers, des berühmten Verfassers des noch berühmteren Vater-Romans, wird verboten; aber wie ein Lauffeuer verbreitet sich die Kunde. Die Trauerfeier findet in der Begräbniskapelle in Berlin-Nikolassee statt.

Für Klepper selbst ist das Geschehen folgerichtig und unabwendbar, wenn er schon neun Jahre zuvor seinem Tagebuch anvertraut: *Aber ich glaube, dass der Selbstmord unter die Vergebung fällt wie all andere Sünde. Und der, der ich heute bin, will ich mit Hanni sterben* (23. Juni 1933). – *So wirr es klingt: Ich lebe in einem Sturz, aber ich stürze gern. Immer wieder lebt in mir der Glaube auf, als wartete Gottes Grund auf mich. Der Sturz, in den Gott einen stößt, tut nicht weh, ja, man sehnt sich danach, dass er ganz geschehe* (12. August 1933).

Seine Dichterkollegen und Freunde mühen sich um eine angemessene Trauerarbeit. So schreibt Siegbert Stehmann, der noch am Ende des Krieges mit 33 Jahren gefallen ist, in einem Brief an Rudolf Alexander Schröder: *Einer von uns ist vor der Zeit dahingegangen: Jochen Klepper. Die Nachricht von seinem Ende und den Ereignissen, die es herbeigeführt haben, hat mich schwer erschüttert. Wenn Jochen Klepper nicht mehr ein und aus wusste, so hat er zuvor die leibhaftige Hölle gesehen. Da muss man in Demut schweigen und den Bruder der Gnade Gottes empfehlen. Und ich glaube getrost, dass er dieser Gnade versichert sein kann* (zitiert bei Benno Mascher).

Der Schriftsteller Reinhold Schneider, mit dem Klepper jahrelang seine literarischen Pläne ausgetauscht hatte, schreibt im Klepper-Kapitel seiner Autobiographie VERHÜLLTER TAG 1954: *Sein Geschick ist nur denkbar aus seiner Auffassung von der*

*Ehe ... Dass er Frau und Kinder zu Christus führe, war Kleppers Auftrag. Er hat ihn erfüllt. Als ihm aber die Macht des Verbrechens die gelobte Gemeinschaft und Verantwortung nicht mehr erlaubte, nahm er seine Frau und die jüngste Tochter an der Hand und eilte zu Gott, ehe er sie gerufen hatte. Das war ein Akt des Glaubens: Schütze, die ich nicht mehr schützen kann! Es war ein Selbstmord unter dem Kreuz, dem Zeichen der Liebe. Das Problem stellt sich in einer Gestalt, auf die es keine Antwort gibt* (zitiert bei Rudolf Wentorf). Und eben dieser Reinhold Schneider widmet Jochen Klepper 1944 ein Sonett als Freundeslied unter der Überschrift *In memoriam*.

**Nun darfst du ruhn**. Es wird das heilige Licht
von dir sich nimmer scheiden und den Deinen.
Wenn einst des Richters Boten dir erscheinen,
verzage nicht! Um deinen Glauben nicht.

Die Schuld ist aller. Unser das Gericht.
Wer all sein Leben opferte dem Reinen,
sühnt noch im Dunkel, da durch haltlos Weinen
des Abgrunds mächt'ge Todesstimme spricht.

Dir ward dein Wort genommen und der Ort,
wo deines Herzens Treue durfte dauern,
so lang beschützt mit ritterlichen Armen;

da machtest du den Tod zu deinem Wort.
Gewaltig bricht es aus den Kerkermauern
und klagt und sühnt – und Gott wird sich erbarmen.

Dem Kirchenlied Jochen Kleppers, das den dichterischen Eigenanteil um des vertrauten und anvertrauten Bibelwortes willen so sehr zurücktreten lässt, wächst nun eine verborgene, unverwechselbar persönliche Glaubens- und Lebenserfahrung zu. Es ist im Tod ein Lied gegen den Tod: Gegen die dunkler werdende Finsternis über den Völkern schaut er auf das aufleuchtende Licht der Gnade; gegen die Bedrängnis und Barbarei von allen Seiten bezeugt er die geschenkte, von Gott gesegnete Freiheit; gegen die Ausweglosigkeit setzt er das ewige Haus, die Geborgenheit bei Gott; in allem Leiden und Mitleiden weist er auf das Kreuz Jesu als Zeichen des Friedens zwischen Himmel und Erde. Das ist Kleppers Halt – sehr schwankend als bloßes Wort im Chaos der Ereignisse. Indem Klepper nicht mit der vordergründigen Zeitgemäßheit liebäugelt, wird sein Lied dadurch wirksam, dass es im biblischen Zeugnis Gottes Zuspruch erkennt und die Geschichte als Zeit und Ziel Gottes versteht – zeitgeprägt und allzeitig zugleich.

Hildegard Klepper (Hg.), Unter dem Schatten deiner Flügel. Aus den Tagebüchern der Jahre 1932–1942 von Jochen Klepper, Stuttgart 1956

Hildegard Klepper (Hg.), Überwindung. Tagebücher und Aufzeichnungen aus dem Kriege von Jochen Klepper, Stuttgart 1958

Jochen Klepper, Kyrie. Geistliche Lieder, Witten und Berlin 1954, 8. Auflage

Jochen Klepper, Ziel der Zeit. Die gesammelten Gedichte, Bielefeld 1987, 4. Auflage

Jochen Klepper, Nachspiel. Erzählungen, Aufsätze, Gedichte, Witten und Berlin 1960; darin: Das göttliche Wort und der menschliche Lobgesang, S. 102–131

Jochen Klepper, Der Kahn der fröhlichen Leute. Roman, Frankfurt a.M. 1955

Jochen Klepper, Der Vater. Roman eines Königs, Stuttgart 1937 (Ausgabe 1957)

Jochen Klepper, Die Flucht der Katharina von Bora. Aus dem Nachlass herausgegeben und eingeleitet von Karl Pagel, Stuttgart 1954

Kurt Ihlenfeld, Freundschaft mit Jochen Klepper, Wuppertal 1967

Rudolf Wentorf (Hg.), Nicht klagen sollst du: loben! Jochen Klepper in memoriam, Gießen 1967; darin: Friedrich Laubscher, Jochen Klepper und Reinhold Schneider, S. 98–123

Walter Tappolet, Ich liege, Herr, in deiner Hut. Monographie über ein Abendlied Jochen Kleppers, Witten und Berlin 1968

Ernst G. Riemschneider (Hg.), Der Fall Klepper. Eine Dokumentation, Stuttgart 1975

Rita Thalmann, Jochen Klepper. Ein Leben zwischen Idyllen und Katastrophen, München 1977

Benno Mascher, Dichter der christlichen Gemeinde: Jochen Klepper, Stuttgart 1977

Jürgen Henkys, Das Kirchenlied in seiner Zeit. Hymnologische Beiträge, Stuttgart 1980; darin: Die Zeit im Liede Jochen Kleppers »Kyrie« 1938–1978, S. 48–64

Martin Wecht, Jochen Klepper. Ein christlicher Schriftsteller im jüdischen Schicksal, Düsseldorf und Görlitz 1998

Jürgen Henkys, Singender und gesungener Glaube. Hymnologische Beiträge in neuer Folge, Göttingen 1999; darin: verschiedene Aufsätze zu Jochen Klepper S. 233–298

Gerhard Hahn / Jürgen Henkys (Hg.), Liederkunde zum Evangelischen Gesangbuch, Göttingen 2000ff., bislang 22 Hefte; Kommentare zu Text und Melodie unter der EG-Nummer, besonders Heft 8, Göttingen 2003, Themenschwerpunkt: Jochen Klepper

Wolfgang Herbst (Hg.), Wer ist wer im Gesangbuch? Göttingen 2001, 2. Auflage; Stichwort Klepper S. 177f.

Reinhard Deichgräber, Der Tag ist nicht mehr fern. Betrachtungen zu Liedern von Jochen Klepper, Göttingen 2002

Karl Christian Thust, Bibliografie über die Lieder des Evangelischen Gesangbuchs, Göttingen 2006

Markus Baum, Jochen Klepper, Schwarzenfeld 2011

Ralph Ludwig, Jochen Klepper, Berlin 2012

Karl Christian Thust, Die Lieder des Evangelischen Gesangbuchs. Kommentar zu Entstehung, Text und Musik, Bd. I Kassel 2012, Bd. II Kassel 2015

## *Dank*

Herrn Pfarrer *Alexander Behrend* danke ich für die Anregungen aus seinen Gottesdiensten zu Liedern Kleppers und für die Durchsicht meines Manuskripts.

Meiner Frau *Brigitte Rößler* danke ich für die kenntnisreiche und kritische Mitarbeit; ihr widme ich dieses Büchlein.

**Martin Rößler** war nach dem Studium der Kirchenmusik und Theologie Musikdirektor am Evangelischen Stift in Tübingen, dann Pfarrer in Tübingen-Hagelloch und Reutlingen-Bronnweiler. Nach seiner Promotion und Habilitation war er außerplanmäßiger Professor für Praktische Theologie an der Universität Tübingen; er lebt jetzt im Ruhestand in Reutlingen-Bronnweiler.

## In der Reihe Calwer Hefte erschien bereits:

*Martin Rößler*
**Die Wittenbergisch Nachtigall**
Martin Luther und seine Lieder
Calwer Hefte
3. Auflage 2017. 64 Seiten, broschiert
Format: 12,2 x 20,5 cm
ISBN 978-3-7668-4368-5

eBook (pdf) ISBN 978-3-7668-4378-4

Mit dem Stabreim »singen und sagen« kennzeichnet Martin Luther mehrfach seine öffentliche Tätigkeit. Zu Predigten und Vorlesungen, zu Bibelübersetzung und Streitschriften gehören darum volkstümliche Lieder und kirchliche Gesänge. Mit ihnen löst er in geistlicher Tiefe und thematischer Weite seinen Grundsatz ein: »Ich gebe der Musik den ersten Platz nach der Theologie.«

Martin Rößler erzählt, dem Lebenslauf Luthers folgend, von Absicht und Entwicklung des geistlichen Singens, von der Entstehung der Lieder – so bekannte wie »Vom Himmel hoch, da komm ich her« oder »Ein feste Burg ist unser Gott« sind dabei –, von den theologischen und musikalischen Mitarbeitern, von der Veröffentlichung in Flugblättern bis zu prächtigen Gesangbuch-Ausgaben.